W0325112

Nihat Hatipoğlu'nun Kaleminden

# Günlük Dualar

ÖZGE

Özge Yayıncılık: 3

Yayın Koordinatörü: Sezer Karadağ

Arapça Metinler: Yusuf Subaşı

Kapak Tasarımı: Murat Acar

İç Düzen: Özge Yayıncılık

Baskı ve Cilt: Plaza Matbaacılık
Gümüşsuyu Cad. Litros Yolu No: 25
Topkapı-İstanbul Tel: (0212) 612 85 22

ISBN: 978-605-61470-1-2



Arapça İlaveli 2. Baskı:
İstanbul, Ağustos 2010

Beylerbeyi Bayırı Sk. No: 5 /1
Beylerbeyi-Üsküdar/İstanbul
**Tel**: 0216 318 29 29

**Nihat Hatipoğlu'nun Kaleminden Günlük Dualar**

ÖZGE

**Nihat Hatipoğlu**'nun Kaleminden

# Günlük Dualar

ÖZGE

**DOÇ. DR. NİHAT HATİPOĞLU**

1955 Diyarbakır doğumlu. Diyarbakır, Siirt ve Malatya'da ilkokulu tamamladı. 1975'de Uşak İmam-Hatip Lisesi'ni ve Uşak Lisesi'ni bitirdi. 1981 yılında Ankara Üniversitesi İlahiyat Fakültesi'ni tamamladı. Aynı fakültede Hadis Ana Bilim dalında "Kur'an-ı Kerim'in Anlaşılmasında Hadislerin Rolü" adlı çalışmasıyla doktor, 2000 yılında doçent oldu.

1985-1987 yıllarında Mısır'da Arapça üzerine eğitim gördü. İmam-Hatip, Kur'an Kursları Müdürlüğü görevlerini yaptı.

Kanal A'da 5 yıl dini programlar hazırlayıp sundu. Ayrıca Ankara'da yayın yapan iki yerel radyoda 10 yıldan bu yana aralıksız olarak haftalık yayınlarına devam etmektedir. 2004 yılında Ramazan ayında Flash TV'de, 2005 yılı Ramazan ayında Star TV'de sahur programları hazırlayıp sundu. 2006 yılında Star TV'de "Dosta Doğru" programını sundu ve 2006 yılında Star TV'de iftar ve sahur programlarını sundu. Radyo ve televizyon izleyicileri iftar ve sahur programlarını birinci olarak seçti. Programları Türkiye'de birçok radyoda yayınlanmaktadır. Halen Star TV'de haftalık programlarına devam etmektedir.

Kırk civarında yayınlanmış kaset, CD, VCD'si bulunmaktadır. Yurtiçinde ve yurtdışında seri konferansları devam etmektedir. Makaleleri, *Panel, Diyanet Dergisi, İslami Araştırmalar* ve benzeri dergilerde yayınlandı.

Hatipoğlu evli ve üç çocuk babasıdır.

# İçindekiler

E



F



G



H

**İ**



**K**

*Duanız olmazsa ne ehemmiyetiniz var!*

Furkan, 77

# SABAH-AKŞAM OKUNACAK DUALAR

## Güneş Doğarken Okunacak Dua

اَلْحَمْدُ لِلَّهِ اَلَّذِي جَلَّلَنَا اليَوْمَ عَافِيَتَهُ. وَجَاءَ بِالشَّمْسِ مِنْ مَطْلَعِهَا.
اَللَّهُمَّ أَصْبَحْتُ أَشْهَدُ لَكَ بِمَا شَهِدْتَ بِهِ لِنَفْسِكَ وَشَهِدَتْ بِهِ مَلاَئِكَتُكَ وَ
حَمَلَةُ عَرْشِكَ وَجَمِيعُ خَلْقِكَ أَنَّكَ أَنْتَ اللَّهُ لاَ إِلَهَ إِلاَّ أَنْتَ القَائِمُ بِالْقِسْطِ
لاَ إِلَهَ إِلاَّ أَنْتَ اَلْعَزِيزُ اَلْحَكِيمُ. اُكْتُبْ شَهَادَتِي بَعْدَ شَهَادَةِ مَلاَئِكَتِكَ
وَاُولُو اَلْعِلْمِ. اَللَّهُمَّ أَنْتَ اَلسَّلاَمُ وَمِنْكَ اَلسَّلاَمُ وَإِلَيْكَ اَلسَّلاَمُ. أَسْأَلُكَ
يَا ذَا اَلْجَلاَلِ وَاَلْإِكْرَامِ أَنْ تَسْتَجِيبَ لَنَا دَعْوَتَنَا وَأَنْ تُعْطِينَا رَغْبَتَنَا وَأَنْ
تُغْنِنَا عَمَّنْ أَغْنَيْتَهُ عَنَّا مِنْ خَلْقِكَ. اَللَّهُمَّ اَصْلِحْ لِي دِينِي الَّذِي هُوَ
عِصْمَتُ أَمْرِي وَاَصْلِحْ لِي دُنْيَايَ الَّتِي فِيهَا مَعِيشَتِي وَاَصْلِحْ لِي آخِرَتِي
الَّتِي اِلَيْهَا مُنْقَلَبِي.

***Okunuşu:** (Elhamdü lillahillezi cellelene'l-yevme afiyetehu, ve cae bi'ş-şemsi min matlaiha. Allahümme asbahtü eşhedü leke bima şehidte bihi linefsike, ve şehidet bihı melaiketüke ve hameletü arşike ve cemiu halkıke enneke entellahü la ilahe illa ente'l-kaimü bil kısti,la ilahe illa ente'l-azizü'l-hakim, üktüb şehadeti ba'de şehadeti melaiketike veuli'l-ilmi. Allahümme ente's-selamü ve minke's-selemu ve ileyke's selamü, es'elüke ya zel celali vel ikrami en testecibe lena davetena, ve en tu'tıyena rağbetena, ve en tuğnina ammen ağneytehu anna min halkıke. Allahümmeslıh lı dınillezi hüve ısmetü emrı, ve eslıh lı dünyayelletı fıha maışetı, ve eslıh lı ahiretilletı ileyha munkalebi)*

**Anlamı:** "Hamdolsun o Allah'a ki bugün bize afiyet verdi, güneşi doğudan çıkardı.Allah'ım! Sen kendine ne ile şahitlik etti isen; meleklerin, arşını taşıyanlar ve bütün yaratıklar ne ile şahitlik ettilerse, ben de aynısı ile şahitlik ederim. Senden başka ilah olmayacağına şahitlik ederim.Adaleti ayakta tutan sensin. Senden başka ilah yoktur. Sen aziz ve hakimsin.Meleklerinin ve ilim sahiplerinin şahitliklerinden sonra benim şahitliğimi yaz. Allah'ım! Sen selamsın,selam sendedir,selam sanadır. Ey celal ve ikram sahibi! Senden dualarımızı kabul etmeni, istediğimizi vermeni ve bizi yaratıkların içinde ihtiyaçtan kurtardıklarına muhtaç etmemeni isterim. Allah'ım! İşimin dayanağı olan dinimi ıslah et,geçimimi temin ettiğim dünyamı ıslah et. Son varacağım yer olan ahiretimi ıslah et."

## Sabahları okunacak Muavvizat (İhlas, Felak, Nas) Duaları

**1. Dua**

بسمِ اللّه الرَحْمنِ الرَحيمِ

قُلْ هُوَ اللَّهُ أَحَدٌ . اللَّهُ الصَّمَدُ. لَمْ يَلِدْ وَلَمْ يُولَدْ. وَلَمْ يَكُن لَّهُ كُفُوًا أَحَدٌ.

**Anlamı:** (Ey Resulüm)! Deki: O Allah'dır.Birdir (Eşi,ortağı yoktur).Allah Samed'dir.(Bütün varlıkların doğrudan doğruya muhtaç olduğu ve başvurduğu, sıkıntılı anlaında "aman" diye yalvarıp çağırdığı yegane varlıktır).O Allah, doğurmamıştır, doğrulmamıştır... O'nun hiçbir dengi, (benzeri) yoktur, (olamaz da....)

**2. Dua**

بسمِ اللّه الرَحْمنِ الرَحيمِ

قُلْ أَعُوذُ بِرَبِّ الْفَلَقِ. مِن شَرِّ مَا خَلَقَ. وَمِن شَرِّ غَاسِقٍ إِذَا وَقَبَ. وَمِن شَرِّ النَّفَّاثَاتِ فِي الْعُقَدِ. وَمِن شَرِّ حَاسِدٍ إِذَا حَسَدَ.

**Anlamı:** "(Ya Muhammed!) De ki:Sabahın Rabbine sığınırım.Yarattığı şeylerin şerrinden (her türlü kötülüğünden).Karanlık çöktüğü zaman gecenin şerrinden, düğümlere üfleyenlerin (her sihirbazın) şerrinden, hased edenin, (içindeki hasedini) kıskançlığını açığa vurduğu zaman şerrinden..."

**3. Dua**

بسم الله الرَحْمنِ الرَحيم

قُلْ أَعُوذُ بِرَبِّ النَّاسِ. مَلِكِ النَّاسِ. إِلَهِ النَّاسِ. مِن شَرِّ الْوَسْوَاسِ الْخَنَّاسِ

الَّذِي يُوَسْوِسُ فِي صُدُورِ النَّاسِ. مِنَ الْجِنَّةِ وَ النَّاسِ.

**Anlamı:** "Sevgili Peygamberim! İnsanların Rabbine sığınırım, de.İnsanların (yegane) Malikine (sahibine), insanların (yegane) İlahına (sığınırım). O sinsi şeytanın şerrinden...Öyle bir şeytan ki,insanların kalblerine vesvese verir. (O şeytan) cinlerdende olur,insanlardan da..."

## Sabah ve Akşam Okunabilecek Dualar:

**1. Dua**

بِسْمِ اللهِ الَّذِي لاَ يَضُرُّ مَعَ اسْمِهِ شَيْءٌ فِي الأَرْضِ وَلاَ فِي السَّمَاءِ وَهُوَ

السَّمِيعُ الْعَلِيمُ.

**Okunuşu:** ***"Bismillahillezi la yedurru me'asmihi şey'ün fi'l-ardı ve la fi's-sema'i ve hüve's-semiu'l-alim."***

**Anlamı:** "İsminin anılmasıyla ne yerde ne de gökte hiçbir şeyin zarar vermeyeceği Allah'ın adıyla.O,hakkıyla işiten, kemaliyle bilendir." (Tirmizi De'avat, 13 Ebu Davud Edeb,101)

**Dua ile ilgili bilgi:** Osman İbni Affan (r.a.) diyor ki; Resulullah (s.a.v.) şöyle buyurdu:"Bir kul sabah ve akşam üç defa bu duayı okursa hiçbir şey ona zarar vermez:"

**2. Dua**

اللَّهُمَّ بِكَ أَصْبَحْنَا وَبِكَ أَمْسَيْنَا وَبِكَ نَحْيَا وَبِكَ نَمُوتُ وَإِلَيْكَ الْمَصِيرُ

**Okunuşu:** ***"Allahümme bike asbahna ve bike emseyna.Ve bike nehya ve bike nemutü ve ileyke'l-mesir."***

**Anlamı:** "Allah'ım! Senin lütfunla sabaha ulaştık, senin lütfunla akşama eriştik.Sen dileyince dirilir,yine sen dileyince ölürüz.Huzuruna varılacak olan da sensin." (Ebu Davud, Edeb, 101; Tirmizi, De'avat 13 )

**Dua ile ilgili bilgi:** Ebu Hureyre (r.a.); Hz. Peygamber (s.a.v.)'in sabah ve akşam bu duayı yaptığını ve ashabına da öğrettiğini bildirmiştir.

**3. Dua**

اللَّهُمَّ إِنِّي أَسْأَلُكَ الْعَافِيَةَ فِي دِينِي وَدُنْيَايَ وَأَهْلِي وَمَالِي اَللَّهُمَّ اللَّهُمَّ
احْفَظْنِي مِنْ بَيْنِ يَدَيَّ وَمِنْ خَلْفِي وَعَنْ يَمِينِي وَعَنْ شِمَالِي وَمِنْ فَوْقِي
وَأَعُوذُ بِعَظَمَتِكَ أَنْ اغْتَالَ مِنْ تَحْتِي اسْتُرْ عَوْرَاتِي وَآمِنْ رَوْعَاتِي.

**Okunuşu:** ***"Allahümme inni es'elüke'l-'afiyete fi dini ve dünyaye ve ehli ve mali. Allahümme'stür avrati ve amin rev'ati. Allahümme 'hfazni min beyni yedeyye ve min halfi ve'an yemini ve 'an şimali ve min fevki. Ve e'uzü bi-azametike eniğtale min tahti."***

**Anlamı:** "Allah'ım! Ben senden dinim, dünyam, aile fertlerim ve malım konusunda afiyet istiyorum. Allah'ım! Beni önümden, arkamdan, sağımdan, solumdan ve üstümden gelecek tehlikelere karşı koru. Yeraltından gelecek tehlikelerden, aldatılmaktan Senin azametine sığınıyorum." (İbn Hıbban, Ed'ıye, No: 961)

**Dua ile ilgili bilgi:** Abdullah İbn Ömer, Peygamberimiz (s.a.v.)'in akşam sabah böyle dua ettiğini bildirmiştir.

**4. Dua**

اللَّهُمَّ فَاطِرَ السَّمَاوَاتِ وَالأَرْضِ عَالِمَ الْغَيْبِ وَالشَّهَادَةِ رَبَّ كُلِّ شَيْئٍ وَ مَلِيكَهُ. أَشْهَدُ أَنْ لاَ إِلَهَ الاَّ أَنْتَ. أَعُوذُ بِكَ مِنْ شَرِّ نَفْسِي وَمِنْ شَرِّ الشَّيْطَانِ وَ شَرِيكِهِ.

**Okunuşu:** ***"Allahümme fatire's-semavati ve'l-ardı alime'l-ğaybi ve'ş-şehadeti, rabbe külli şey'in ve melikehu. Eşhedü en la ilahe illa ente. Euzü bike min şerri nefsi ve min şerri 'ş-şeytani ve şerikihi."***

**Anlamı:** "Gökleri ve yeri, görünen ve görünmeyen alemleri yaratan Allah'ım! Ey her şeyin Rabbi ve sahibi! Senden başka ilah bulunmadığına şehadet ederim. Nefsimin şerrinden, şeytanın ve ortaklarının şerrinden sana sığınırım." (Ebu Davud, Edeb, 101; Tirmizi, De'avat, 14)

**Dua ile ilgili bilgi:** Sahabeden Hz. Ebu Bekir Sıddık (r.a.) der ki, Peygamberimiz (s.a.v.) 'e; 'Ya Resulallah! Bana sabah- akşam okuyacağım duaları öğretseniz de okusam', dedim. O da sabah, akşam ve yatınca bu duayı okumamı bana tavsiye etti.

**5. Dua**

يَا حَيُّ يَا قَيُّومُ بِرَحْمَتِكَ أَسْتَغِيثُ اَصْلِحْ لِي شَأْنِي كُلَّهُ وَلاَ تَكِلْنِي إِلَى نَفْسِي طَرْفَةَ عَيْنٍ.

**Okunuşu:** ***"Ya hayyü ya kayyüm Bi rahmetike esteğisü eslıhli şe'ni küllehu ve la tekilni ila nefsi tarfete 'aynin."***

**Anlamı:** "Ey diri olan Allah'ım! Ey zatı ile kaim olan, her şeyin varlığı kendisine bağlı olan, varlıkları yöneten, koruyan ve ihtiyaçlarını üstlenen Allah'ım! Rahmetinle Senden yardım istiyorum. Bütün işlerimi ıslah eyle, beni nefsime göz açıp kapayacak kadar bile bırakma." (Ebu Ya'la, Zikir ve Dua, No: 914)

**Dua ile ilgili bilgi:** Peygamberimiz (s.a.s.), kızı Fatıma'ya akşam-sabah böyle dua etmesini tavsiye etmiştir.

### Akşamları Okunacak Dua

أَمْسَيْنَا وَأَمْسَى الْمُلْكُ لِلَّهِ. وَالْحَمْدُ لِلهِ لاَ إِلَهَ إِلاَ اللهُ وَحْدَهُ لاَ شَرِيكَ لَهُ. لَهُ الْمُلْكُ وَلَهُ الْحَمْدُ وَهُوَ عَلَى كُلِّ شَيْءٍ قَدِيرٌ. أَسْأَلُكَ خَيْرَ مَا فِي هَذِهِ اللَّيْلَةِ وَخَيْرَ مَا بَعْدَهَا أَعُوذُ بِكَ مِنْ شَرِّ هَذِهِ اللَّيْلَةِ وَشَرِّ مَا بَعْدَهَا أَعُوذُ بِكَ مِنْ الْكَسَلِ وَسُوءِ الْكِبَرِ وَأَعُوذُ بِكَ مِنْ عَذَابِ النَّارِ وَعَذَابِ الْقَبْرِ.

**Okunuşu:** ***Emseyna ve emsel mülkü lillah.Velhamdü lillah vela ilahe ilallahu vahdehu la şerike leh.Lehül mülkü velehül hamdü vehüve ala külli şey'in kadir.Es'elüke hayred ma fihazihi'l-leyleti ve hayra ma ba'deha ve euzü bike min şerri hazihi'l-leyleti ve şerri ma ba'deha ve euzü bike minel keseli ve sui'l-kiberi ve euzü bike min azabinnari ve azabil kabri.***

**Anlamı:** "Biz akşamladık, mülk de Allah'ın olarak akşamladı. Hamd o'na mahsustur. O'ndan başka ilah yoktur. Ortağı yoktur. Mülk O'nundur, hamd O'nundur. O, her şeye kadirdir. Senden bu gecenin hayrını ve ondan sonraki gecelerin hayrını dilerim.Bu gecenin şerrinden ve ondan sonraki gecelerin şerrinden sana sığınırım. Tembellikten, kötü ihtiyarlıktan sana sığınrım. Cehennem azabından, kabir azabından sana sığınırım."(Tirmizi,5/466)

**Dua ile ilgili bilgi:** Peygamberimiz (s.a.v) akşam olduğu zaman bu duayı ederdi.

### Akşamları Seyyidü'l-İstiğfar Okumak

اللَّهُمَّ أَنْتَ رَبِي لاَ إِلَهَ إِلاَّ أَنْتَ خَلَقْتَنِي وَأَنَا عَبْدُكَ وَأَنَا عَلَى عَهْدِكَ وَ وَعْدِكَ مَا اسْتَطَعْتُ. أَبُوءُ لَكَ بِنِعْمَتِكَ عَلَيَّ وَ أَبُوءُ لَكَ بِذَنْبِي فَاغْفِرْ لِي فَإِنَّهُ لاَ يَغْفِرُ الذُّنُوبَ إِلاَّ أَنْتَ. أَعُوذُ بِكَ مِنْ شَرِّ مَا صَنَعْتُ.

**Okunuşu:** *Allahümme ente rabbi la ilahe illa ente halakteni ve ene abdüke ve ene ala ahdike ve va'dike mesteta'tü. Ebuu leke bini'metike aleyye ve ebuu bizenbi fağfirli feinnehu la yağfiru'z-zünube illa ente. Euzü bike min şerri ma sana'tü.*

**Anlamı:** "Allah'ım! Sen benim Rabbimsin, senden başka ilah yoktur. Beni sen yarattın. Ben senin kulunum. Elimden geldiği kadar sana verdiğim söz ve vaadde duruyorum. Bana verdiğin nimetini itiraf ediyorum. Günahımı da itiraf ediyorum; beni bağışla; zira günahları senden başkası bağışlayamaz.Yaptıklarımın şerrinden sana sığınırım."(Buhari,7/150;Nesei,8/280)

## KÖTÜ RÜYA GÖRENLER VE UYKUDA KORKANLAR İÇİN OKUNABİLECEK DUALAR

أَعُوذُ بِكَلِمَاتِ اللَّه التَّامَّة مِنْ غَضَبِه وَعِقَابِه وَشَرِّ عِبَادِهِ وَمِنْ هَمَزَاتِ الشَّيَاطِينِ وَ أَنْ يَحْضُرُونَ.

**Okunuşu:** *"E'uzü bi-kelimati'l-lahit-tammeti min ğadabihi ve 'ıkabihi ve şerri 'ıbadihi ve min hemezati'ş şeyatini ve en yehdurun."*

**Anlamı:** "Allah'ın eksiksiz, tam olan kelimeleri ile O'nun gadabından, ikabından, kullarının şerrinden, şeytanların vesveselerinden ve (beni kötülüğe atan ) beraberliklerinden (yanımda hazır bulunmalarından) Allah'a sığınırım!" (Malik, Şi'r, 4; Taberani, el-Mu'cemü'l-Esvat, No: 931)

**Dua ile ilgili bilgi:** Hz.Halid İbnu'l-Velid (r.a.) Hz.Peygamber (s.a.v.)'e: gelerek "Ben uykuda iken korkutuluyorum, ne yapmamı tavsiye buyurursunuz?" diye sormuş, Peygamberimiz (s.a.v.) de ona bu duayı okuyup Allah'a sığınmasını tavsiye etmiştir. (Hz.Halid'in bir cin'in rahatsızlığından şikâyet ettiği de rivayet olunur.)

## Uyumadan Önce Okunabilecek Dualar

**1. Dua**

اَللّٰهُمَّ أَسْلَمْتُ نَفْسِي إِلَيْكَ وَ وَجَّهْتُ وَجْهِي إِلَيْكَ وَ فَوَّضْتُ أَمْرِي إِلَيْكَ وَأَلْجَأْتُ ظَهْرِي إِلَيْكَ رَغْبَةً وَرَهْبَةً إِلَيْكَ لاَ مَلْجَأَ وَلاَ مَنْجَا مِنْكَ إِلاَّ إِلَيْكَ. آمَنْتُ بِكِتَابِكَ الَّذِي أَنْزَلْتَ وَبِنَبِيِّكَ الَّذِي أَرْسَلْتَ.

**Okunuşu:** ***"Allahümme eslemtü nefsi ileyke ve veccehtü vechi ileyke ve fevvadtü emri ileyke ve elce'tü zahri ileyke, rağbeten ve rahbeten ileyke, la melcee ve la menca minke illa ileyke. Amentü bi-kitabike'llezi enzelte ve bi-nebiyyike'llezi erselte."***

**Anlamı:** "Allah'ım! Kendimi sana teslim ettim. Yüzümü sana çevirdim. İşimi sana ısmarladım. Rızanı isteyerek, azabından korkarak sırtımı sana dayadım, sana sığındım. Sana karşı yine senden başka sığınak yoktur. İndirdiğin kitaba ve gönderdiğin peygambere inandım." (Buhari, De'avat 5, 7, 9; Müslim, Zikir ve Dua 56–57; Ebu Davud, Edeb, 98; Tirmizi, De'avat 16; İbn Mace, Dua, 15)

**Dua ile ilgili bilgi:** Bera ibni Azip (r.a.) diyor ki; Resulullah (s.a.v.) yatmadan önce abdest alıp böyle dua edilmesini tavsiye etti.

## 2. Dua

قُلْ هُوَ اللَّهُ أَحَدٌ. اللَّهُ الصَّمَدُ. لَمْ يَلِدْ وَلَمْ يُولَدْ. وَلَمْ يَكُن لَّهُ كُفُواً أَحَدٌ.

**Okunuşu:** ***"Kul hüvallahü ahad. Allahü's-samed. Lem yelid ve lem yuled. Ve lem yekün lehü küfüven ahad."***

**Anlamı:** " De ki: O, Allah'tır, bir tektir. Allah Samed'dir. (Her şey O'na muhtaçtır, O, hiçbir şeye muhtaç değildir. O'ndan çocuk olmamıştır (Kimse babası değildir). Kendisi de doğmamıştır (kimsenin çocuğu değildir). Hiçbir şey O'na denk ve benzer değildir." (İhlas, 112/1–4)

**Dua ile ilgili bilgi:** Hz. Aişe (r.a.) diyor ki; "Resulullah (s.a.s.), her gece yatağına yatacağı zaman avuçlarını birleştirir, besmele çekerek bu sureyi okurdu.

## 3. Dua

باسْمِكَ رَبِّي وَضَعْتُ جَنْبِي وَبِكَ أَرْفَعُهُ إِنْ أَمْسَكْتَ نَفْسِي فَارْحَمْها وإِنْ أَرْسَلْتَهَا فَاحْفَظْهَا بِمَا تَحْفَظُ بِهِ عِبادَكَ الصَّالِحِينَ.

**Okunuşu:** ***"Bismike Rabbi vada'tü cenbi ve bike erfeuhu in emsekte nefsi ferhamha ve in erselteha fehfazha bima tehfezu bihi 'ıbadeke's-salihin."***

**Anlamı:** "Rabbim! Senin isminle yanımı yatağa koydum. Ve yine senin isminle yanımı yataktan kaldıracağım. Eğer uykuda canımı alacaksan, bana merhamet edip bağışla! Şayet hayatta bırakacaksan, Salih kullarını koruduğun şeylerle beni de fenalıklardan koru!" (Buhari, De'avad 13; Müslim, Zikir ve Dua, 64, 98, Tirmizi, De'avad 20)

**Dua ile ilgili bilgi:** Ebu Hüreyre (r.a.) diyor ki; Resulullah (s.a.v.) şöyle buyurdu: "Biriniz istirahat için yatacağı zaman böyle dua etsin.

### 4. Dua

قُلْ أَعُوذُ بِرَبِّ النَّاسِ. مَلِكِ النَّاسِ. إِلَهِ النَّاسِ. مِن شَرِّ الْوَسْوَاسِ الْخَنَّاسِ. الَّذِي يُوَسْوِسُ فِي صُدُورِ النَّاسِ. مِنَ الْجِنَّةِ وَ النَّاسِ.

**Okunuşu:** ***"Kul e'uzü bi-Rabbi'n-nas. Meliki'n-nas. İlahi'n-nas. Min şerri'l-vesvasi'l-hannas. Ellezi yüvesvisü fi suduri'n-nas. Mine'l-cinneti ve'n-nas."***

**Anlamı:** "De ki: Cinlerden ve insanlardan olup, insanların kalplerine vesvese veren sinsi vesvesecinin şerrinden, insanların Rabbine, insanların Melik'ine, insanların İlah'ına sığınırım." (Nas, 114/1-6) Peygamberimiz surelerini okur, ellerine üfler, sonra da ellerinin uzanabildiği yere kadar vücuduna sürerdi. Bu işlemi yapmaya önce başından başlar, yüzüne ve vücudunun ön taraflarına mesh ederdi. Bunu üç defa yapardı."

### 5. Dua

اللَّهُمَّ إِنِّي أَعُوذُ بِوَجْهِكَ الْكَرِيمِ وَ بِكَلِمَاتِكَ التَّامَّاتِ مِنْ شَرِّ كُلِّ دَابَّةٍ أَنْتَ آخِذٌ بِنَاصِيَتِهَا . اللَّهُمَّ أَنْتَ تَكْشِفُ الْمَغْرَمَ وَالْمَأْثَمَ. اللَّهُمَّ لاَ يُهْزَمُ جُنْدُكَ وَلاَ يُخْلَفُ وَعْدُكَ وَلاَ يَنْفَعُ ذَا الْجَدِّ مِنْكَ الْجَدُّ. سُبْحَانَكَ اللَّهُمَّ وَ بِحَمْدِكَ.

**Okunuşu:** ***"Allahümme inni e'uzü bi-vechike'l-kerim ve bi kelimatike't-tammati min şerri külli dabbetin, ente ahizün bi-nasıyetiha. Allahümme ente tekşifü'l-mağreme ve'l-me'seme. Allahümme la yühzemü cündüke ve la yühlefü va'düke ve la yenfe'u ze'l-ceddi minke'l-ceddü. Sübhaneke'llahümme ve bi-hamdike"***

**Anlamı:** "Allah'ım! Kerim olan Zat'ın adına, eksiği olmayan kelimelerin adına, alınlarından tutmuş olduğun hayvanların şerrinden sana sığınırım. Allah'ım! Sen borcu giderir, günahı kaldırırsın. Allah'ım, senin ordun mağlup edilemez, va'dine muhalefet edilemez.Servet sahibine serveti fayda etmez, servet sendendir. Allah'ım! Seni hamdinle tesbih ederim." (Ebu Davud,Edeb,98;bk. İbn Mace, Dua, 15)

**Dua ile ilgili bilgi:** Hz.Ali (r.a.) diyor ki;Resullah (s.a.v.) yatacağı sırada bu duayı okurdu.

### 6. Dua

لاَ إِلَهَ إِلاَّ أَنْتَ سُبْحَانَكَ اللَّهُمَّ وَ بِحَمْدِكَ أَسْتَغْفِرُكَ لِي ذَنْبِي وَأَسْأَلُكَ رَحْمَتَكَ. اللَّهُمَّ زِدْنِي عِلْمَاً وَلاَ تُزِغْ قَلْبِي بَعْدَ إِذْ هَدَيْتَنِي وَهَبْ لِي مِنْ لَدُنْكَ رَحْمَةً إِنَّكَ أَنْتَ الْوَهَّابُ.

**Okunuşu:** ***"La ilahe illa ente sübhaneke,Allahümme ve bi-hamdike, esteğfiruke li-zenbi ve es'elüke rahmeteke. Allahümme zidni 'ılmen, ve la tüziğ kalbi ba'de iz hedeyteni ve heb li min ledünke rahmeten inneke ente'l-vehhab."***

**Anlamı:** "Allah'ım! Seni hamdinle tenzih ederim. Senden başka ilah yoktur. Günahım için affını dilerim ve rahmetini taleb ederim. Allah'ım ilmimi artır, bana hidayet verdikten sonra kalbimi saptırma. Katından bana rahmet lütfet. Sen lütfedenlerin en cömerdisin. (Ebu Davud, Edep, 98; Hakim, Dua ı, 540)

**Dua ile ilgili bilgi:** Peygamberimizin eşi Hz. Aişe (r.a.) diyor ki; Hz. Peygamber (s.a.v.) geceleyin uyanınca bu duayı okurdu.

### Gece Uykusu Kaçtığı Zaman okunabilecek dua

لاَ إِلَهَ إِلاَّ اللهُ وَحْدَهُ لاَ شَرِيكَ لَهُ. لَهُ الْمُلْكُ وَلَهُ الْحَمْدُ وَهُوَ عَلَى كُلِّ شَيْءٍ قَدِيرٌ. سُبْحَانَ اللهِ وَالْحَمْدُ لِلَّهِ وَلاَ إِلَهَ إِلاَّ اللهُ وَاللهُ أَكْبَرُ وَلاَ حَوْلَ وَلاَ قُوَّةَ إِلاَّ بِاللَّهِ الْعَلِيِّ الْعَظِيمِ.

**Okunuşu:** ***La ilahe illallahu vahdehu la şerike leh, lehül mülkü velehül hamdü vehüve ala külli şey'in kadir. Sübhanallahi velhamdü lillahi vela ilahe illallahu vallahu ekber vela havle vela kuvvete illa billahil aliyyil azim.***

**Anlamı:** "Allah'dan başka ilah yoktur, birdir, ortağı yoktur, mülk O'nundur, hamd O'na mahsustur. O, her şeye kadirdir. Allah'ı tesbih ederim, Allah'a hamd ederim, Allah'tan başka ilah yoktur, Allah en büyüktür. Yüce ve ulu Allah'tan başka kuvvet ve kudret sahibi yoktur," der,sonra da, Rabbim beni bağışla derse, Allah onu bağışlar.(İbn Mace,2/1276)

### Rüya (hoşlanmadığı bir rüya) Gördüğü Zaman okunabilecek dua

Peygamber (s.a.v.) şöyle buyurmuştur: "Biriniz hoşlanmadığı bir rüya gördüğü zaman, bilsin ki o, şeytandandır"

(Euzü billahi mine'ş-şeytani'r-racim) diyerek onun şerrinden Allah'a sığınsın, kimseyede söylemesin.O zaman o rüya kendisine zarar vermez. (Tirmizi,5/505)

## YENİ BİR ELBİSE GİYİLİNCE OKUNACAK DUALAR

**1. Dua**

الْحَمْدُ لِلَّهِ الَّذِي كَسَانِي هَذَا وَ رَزَقَنِيهِ مِنْ غَيْرِ حَوْلٍ مِنِّي وَلاَ قُوَّةٍ.

**Okunuşu:** ***"Elhamdüli'llahillezi kesani haza ve rezekanihi min ğayri havlin minni ve la kuvvetin."***

**Anlamı:** "Hamdü senalar olsun yüce Allah'a ki, bunu bana giydirdi ve hiçbir güç ve kuvvetim olmamasına rağmen bunu bana rızık olarak nasip etti. (Darimi, İsti'zan,55)

**Dua ile ilgili bilgi:** Sahabeden Muaz b. Enes (r.a.) diyor ki; Resulullah (s.a.v.) şöyle buyurdu:"Kim bir elbise giyer de; bu duayı okursa geçmiş günahları mağfiret olunur.

**2. Dua**

اللَّهُمَّ لَكَ الْحَمْدُ أَنْتَ كَسَوْتَنِيهِ أَسْأَلُكَ مِنْ خَيرِهِ وخَيْرَ ما صُنِعَ لَهُ وَأَعُوذُ بِكَ مِنْ شرِّهِ وشَرَّ مَا صُنِعَ لَهُ.

**Okunuşu:** ***"Allahümme leke'l-hamdü, ente kesevtenihi, es'elüke min hayrihi ve hayri ma suni'a lehu ve e'uzü bike min şerrihi ve şerri ma suni'a lehu"***

**Anlamı:** "Allah'ım! Hamd sanadır, bunu bana sen giydirdin. Senden bunun (giydiğim bu elbisenin/ayakkabının vs.)hayrını ve bu ne için yapıldı ise onun da hayrını dilerim.Ve bunun şerrinden ve niçin yapıldı ise onun da şerrinden sana sığınırım." (Ebu Davud, Libas 1; Tirmizi, Libas, 29)

## EVDEN ÇIKARKEN VE EVE GİRERKEN OKUNACAK DUALAR

### Evden Çıkarken Okunacak Dua

اللَّهُمَّ إنِّي أَعُوذُ بِكَ أَنْ أضِلَ أَوْ أُضَلَّ أَوْ أَذِلَّ أَوْ أُذَلَّ أَوْ أَظْلِمَ أَوْ أُظْلَمَ أَوْ أَجْهَلَ أَوْ يُجْهَلَ عَلَيَّ.

**Okunuşu:** ***"Allahümme inni e'uzü bike en edille ev üdalle, ev ezille ev üzelle ev azlime ev uzleme ev echele ev yüchele aleyye."***

**Anlamı:** "Ey Allah'ım! Hak yoldan sapmaktan, saptırılmaktan; ayağı kaymaktan kaydırılmaktan; zulmetmekten, zulme uğramaktan; cahillik etmekten veya cahillikle karşılaşmaktan sana sığınırım." (Ebu Davud, Edeb, 103; Ayrıca bk. Tirmizi, De'avad, 35;İbn Mace, Dua, 18)

**Dua ile ilgili bilgi:** Sahabeden Ümmü Seleme (r.a.) diyor ki; Resulullah (s.a.v.) ellerini semaya kaldırarak bu duayı yapmadan evinden asla çıkmazdı.

## Eve Girerken Okunacak Dua

اللَّهُمَّ إنِّي أسْألُكَ خَيْرَ الْمَوْلِجِ وَ خَيْرَ الْمَخْرَجِ. باسْمِ اللهِ وَلَجْنَا وباسْمِ اللهِ خَرَجْنَا وعَلَى اللهِ رَبِّنَا تَوَكَّلْنَا.

**Okunuşu:** ***"Allahümme inni es'elüke hayre'l-mevlici ve hayre'l-mahreci. Bismillahi velecna ve bismillahi haracna ve 'ale'llahi Rabbina tevekkelna."***

**Anlamı:** "Allah'ım! Senden hayırlı girişler (girilen yerin hayrını) ve hayırlı çıkışlar (çıkılan yerin hayrını) istiyorum. Allah'ın adıyla girdik, Allah'ın adıyla çıktık. Yüce Rabbimiz Allah'a tevekkül ettik." (Ebu Davud, Edeb, 103)

**Dua ile ilgili bilgi:** Sahabeden Ebu Malik diyor ki; Peygamberimiz (s.a.v.) şöyle buyurdular: "Kişi evine gireceği zaman, bu duayı okusun ve sonra ailesine selam versin.

## Oturulan Yerden Ayrılırken Okunacak Dua

سُبْحَانَكَ اللَّهُمَّ وَ بِحَمْدِكَ وَأَشْهَدُ أَنْ لاَ إلَهَ إلاَّ أَنْتَ أَسْتَغْفِرُكَ وَأَتُوبُ إلَيْكَ.

**Okunuşu:** ***"Sübhaneke'llahümme ve bihamdike eşhedü en la ilahe illa ente estağfiruke ve etubü ileyke."***

**Anlamı:** "Allah'ım! Seni her türlü noksan sıfatlardan tenzih ve hamdinle tesbih ederim. Senden başka ilah olmadığına kesinlikle şehadet ederim. Senden bağışlanmamı diler ve sana tövbe ederim." (Tirmizi, De'avad 38; bk. Ebu Davud, Edeb, 27)

**Dua ile ilgili bilgi:** Sahabeden Ebu Hüreyre (r.a.) diyor ki; "Resulullah (s.a.v.) öyle buyurdular: "Kim, malayani (faydasız ve lüzumsuz) konuşmaların çok olduğu bir mecliste oturur da, oradan ayrılmadan önce bu duayı okursa, o mecliste işlemiş olduğu kusur ve günahları (kul hakları hariç) bağışlanır.

## VEDA/ UĞURLAMA DUALARI

### Yolcu, Asker veya öğrenci için

**1. Dua**

اَسْتَوْدِعُ اَللّٰهَ دِينَكُمْ وَأَمَانَتَكُمْ وَخَوَاتِمَ أَعْمَالِكُمْ.

**Okunuşu:** ***"Estevdi'u'llahe dineküm ve emaneteküm ve havatime a'maleküm."***

**Anlamı:** "Dininizi koruyup emanetlerinizi ifa etmeniz ve amellerinizi hayırla sonuçlandırmanız hususunda sizi Allah'a emanet ediyorum. (Ebu Davud, Cihad, 73; Tirmizi, De'avad, 43)

**Dua ile ilgili bilgi:** Sahabeden Abdullah El-Hatmi (r.a.) diyor ki; "Resulullah (s.a.v.) vedalaştığında böyle dua ederdi.

**2.Dua**

فِي حِفْظِ اللّٰهِ وَ فِي كَنَفِهِ زَوَّدَكَ اللّٰهُ التَّقْوَى وَ غَفَرَ لَكَ ذَنْبَكَ وَ وَجَّهَكَ لِلْخَيْرِ أَيْنَمَا تَوَجَّهْتَ.

**Okunuşu:** ***"Fi hıfzıllahi ve fi kenefihi, zevvedeke'llahü't-takva ve ğafere leke zenbeke ve vecceheke lil-hayri eynema teveccehte."***

**Anlamı:** "Allah'ın hıfzu himayesiyle ( gözetim ve koruması altında) git. Allah sana takva azığı versin (takva nasip etsin), günahını bağışlasın. Her nereye yönelirsen, hayrı o yöne çevirsin."(Darimi, İsti'zan, 41)

**Dua ile ilgili bilgi:** Sahabeden Hz. Enes (r.a.) diyor ki; Peygamber (s.a.v.) "in huzuruna bir adam geldi ve 'sefere (yolculuğa) çıkmak istiyorum' dedi. O da 'ne zaman sefere çıkıyorsun' deyince; 'Yarın inşallah' dedi. Bunun üzerine Resulullah adamın elinden tuttu ve onun için böyle dua etti.

## Hacı Uğurlamada Okunacak Dua

أَعُوذُ بِاللّهِ مِنْ الشَّيْطَانِ الرَجِيم. بِسْمِ اللّهِ الرَحْمنِ الرَحِيم. الْحَمْدُ للّهِ رَبِّ الْعَالَمِينَ الصَّلاَةُ وَ السَّلاَمُ عَلَى رَسُولِنَا مُحَمَّدٍ وَ عَلَى آلِهِ وَ أَصْحَابِهِ أَجْمَعِينَ. رَبِّ أَدْخِلْنِي مُدْخَلَ صِدْقٍ وَأَخْرِجْنِي مُخْرَجَ صِدْقٍ وَاجْعَلْ لِي مِنْ لَدُنْكَ سُلْطَاناً نَصِيراً. سُبْحَانَ الَّذِي سَخَّرَ لَنَا هَذَا وَمَا كُنَّا لَهُ مُقْرِنِينَ وَإِنَّا إِلَى رَبِنَا لَمُنْقَلِبُونَ. اللّهُمَّ إِنِّي أَسْأَلُكَ فِي سَفَرِنَا هَذَا البِرَّ وَالتَّقْوَى وَمِنَ العَمَلِ مَا تَرْضَى. اللَّهُمَّ هَوِّنْ عَلَيْنَا سَفَرِنَا هَذَا اللَّهُمَّ اطْوِ لَنَا البُعْدَ. اللَّهُمَّ أَنْتَ الصَّاحِبُ فِى السَّفَرِ وَالخَلِيفَةُ فِى الأَهْلِ وَالْمَالِ. اللَّهُمَّ إِنِّي أَعُوذُ بِكَ مِنْ وَعْثَاءِ السَّفَرِ وَ كَآبَةِ الْمُنْقَلَبِ.

**Okunuşu:** ***"E'uzü billahi mine'ş-şeytanir-racim. Bismillahi'r-rahmani'r-rahim. Elhamdü lillahi rabbi'l-alemin. Ve's-salatü ve's-selamü 'ala rasulina Muhammedin ve ala alihi ve ashabihi ecme'in. Rabbi edhılni müdhale sıdkın ve ehrıcni muhrace sıdkın vec'al li min ledünke sultanen nasıra. Sübhanellezi sehhara lena haza vema künna lehü mukrinin ve inna ila Rabbina le münkalibun. Allahümme inni es'eluke fi seferina haze'l-birra ve't-tekva ve mine'l-'ameli ma terda. Allahümme hevvin 'aleyna seferina haza. Allahümme'tvi lene'l-bu'de. Allahümme ente's-sahibü fi's-seferi ve'l-halifetü fi'l-ehli ve'l-mali. Allahümme inni e'uzü bike min va'sai's-seferi ve keabeti'l-münkalebi."***

**Anlamı:** "Kovulmuş şeytandan Allah'a sığınırım. Rahman Rahim Allah'ın adı ile. Âlemlerin Rabbi Allah'a hamd olsun. Salât ve selam O'nun Resulüne, âline ve ashabının üzerine olsun.

Rabbim! (Gireceğim yere) doğruluk ve esenlik içinde girmemi sağla. (Çıkacağım yerden de)beni doğruluk ve esenlik içinde çıkar. Katından bana yardımcı bir kuvvet ver." (İsra, 17/80)

Bunu bizim hizmetimize vereni tesbih ve takdis ederiz, yoksa biz buna güç yetiremezdik. Biz şüphesiz Rabbimize döneceğiz. Allah'ım! Biz, bu yolculuğumuzda senden iyilik ve takva, bir de hoşnut olacağın ameller işlemeyi nasip etmeni dileriz. Allah'ım! Bu yolculuğumuzu kolay kıl ve uzağı yakın et. Allah'ım! Seferde yardımcı, geride kalan çoluk çocuğumuz ve malımızın koruyucusu Sensin. (Ebu Davud, Cihad, 79) Allah'ım! Yolculuğun zorluklarından, üzücü şeylerle karşılaşmaktan ve kötü haller görmekten sana sığınırım." (Tirmizi, De'avat, 41; Darimi, İstizan, 41)

## YOLCULUK DUALARI

### Yolculuğa Çıkarken Okunabilecek Dua

اللَّهُمَّ إنِّي أَعُوذُ بِكَ مِنْ وَعْثَاءِ السَّفَرِ وَ كَآبَةِ الْمُنْقَلَبِ وَالْحَوْرِ بَعْدَ الكَوْرِ وَدَعْوَةِ الْمَظْلُومِ وَ سُوءِ الْمَنْظَرِ فِي الأَهْلِ وَ الْمَالِ.

**Okunuşu:** ***"Allahümme inni e'uzü bike min va'sai's-seferi ve keabeti'l-münkalebi ve'l-havri ba'de'l-kevri veda'veti'l-mazlumi ve sui'l-menzari fi'l-ehli ve'l-mali."***

**Anlamı:** "Allah'ım! Yolculuğun güçlüklerinden, üzücü manzaralarla karşılaşmaktan, iyiyken kötü olmaktan, mazlumun bedduasından ve dönüşte mal ve çoluk çocuğu kötü hallerde bulmaktan sana sığınırım." (Nesai, İsti'aze, 41–42; İbn Mace, Dua, 20)

## Araba/ Vasıtaya Binerken Okunabilecek Dua

سُبْحَانَ الَّذِي سَخَّرَ لَنَا هَذَا وَمَا كُنَّا لَهُ مُقْرِنِينَ وَإنَّا إلَى رَبِّنَا لَمُنْقَلِبُونَ. اللَّهُمَّ إنَّا نَسْأَلُكَ فِي سَفَرِنَا هَذَا البِرَّ وَ التَّقْوَى وَمِنَ العَمَلِ مَا تَرْضَى. اللَّهُمَّ هَوِّنْ عَلَيْنَا سَفَرَنَا هَذَا وَاطْوِ عَنَّا بُعْدَهُ. اللَّهُمَّ أَنْتَ الصَّاحِبُ فِى السَّفَرِ وَالخَلِيفَةُ فِى الأَهْلِ. اللَّهُمَّ إنِّي أَعُوذُ بِكَ مِنْ وَعْثَاءِ السَّفَرِ وَ كَآبَةِ الْمَنْظَرِ وَسُوءِ الْمُنْقَلَبِ فِي الْمَالِ وَ الأَهْلِ الْوَلَدِ.

**Okunuşu:** ***"Sübhanellezi sehhare lena haza ve ma künna lehu mukrinin ve inna ila rabbina lemunkalibun. Allahümme inna nes'elüke fi seferina haze'l-birre ve't takva ve mine'l-'ameli ma terda. Allahümme hevvin 'aleyna seferena haza, vatvi 'anna bu' dehu Allahümme ente's-sahibü fi's-seferi ve'l-halifetü fi'l-ehli. Allahümme inni euzü bike min va'sai's-seferi ve keabeti'l-menzari ve sui'l-münkalebi fi'l-mali ve'l-ehli ve'l-veled."***

**Anlamı:** "Bunu bizim hizmetimize veren Yüce Allah'ı tesbih ve takdis ederiz (Allah'ın şanı ne yücedir); yoksa biz buna güç yetiremezdik. Biz şüphesiz Rabbimize döneceğiz. (Zuhruf, 43/13-14)Ey Allah'ım! Biz, bu yolculuğumuzda senden iyilik ve takva, bir de hoşnut olacağın ameller işlemeyi nasip etmeni dileriz.Ey Allah'ım! Bu yolculuğumuzu kolay kıl ve uzağını yakın et! Ey Allah'ım! Seferde yardımcı(mız), geride (bıraktığımız) çoluk çocuğu(muzun) koruyucusu sensin. Ey Allah'ım! Yolculuğun zorluklarından,üzücü şeylerle karşılaşmaktan ve dönüşte malımızda,çoluk çocuğumuzda kötü haller görmekten sana sığınırım." (Müslim,Hac,425;Ayrıca bk. Ebu Davud,Cihad,72 Tirmizi,De'avat,46)

## Yolculuktan Dönerken okunacak dualar

آيِبُونَ إِنْ شَاءَ تَائِبُونَ عَابِدُونَ لِرَبِّنَا حَامِدُونَ.

**1. Dua**

**Okunuşu:** *"(Ayibune in şae taibune abidune lirabbina hamidun)"*
**Anlamı:** "Dönüyoruz. (Kendisi dilerse) tevbe ediyoruz, ibadet ediyoruz. Rabbimize şükrediyoruz."( Darimi,680)

**2.Dua:**

اللَّهُمَّ إِنِّي أَعُوذُ بِكَ مِنْ وَعْثَاءِ السَّفَرِ وَ كَآبَةِ الْمُنْقَلَبِ وَالْحَوْرِ بَعْدَ الْكَوْرِ وَ دَعْوَةِ الْمَظْلُومِ وَسُوءِ الْمَنْظَرِ فِي الأَهْلِ وَالْمَالِ.

**Okunuşu:** *(Allahümme innı euzü bike min va'sai's-seferi ve keabeti 'l-munkalebi ve'l-havri ba'de'l-kevri ve da'veti'l-mazlumi ve sui'l-manzari fi'l-ehli ve'l-mal)*
**Anlamı:** "Allah'ım! Yolculuğun zahmetinden, eli boş dönmekten, gördüğünden geri kalmaktan, mazlumun ahını almaktan, ailede ve malda kötü bir şeyle karşılaşmaktan sana sığınırım (İbn Mace,2/1280)

## Yolculuktan Eve Dönünce Yapılabilecek Dua

لاَ إِلَهَ إِلاَّ اللهُ وَحْدَهُ لاَ شَرِيكَ لَهُ. لَهُ الْمُلْكُ وَلَهُ الْحَمْدُ وَهُوَ عَلَى كُلِّ شَيْءٍ قَدِيرٌ. آيِبُونَ تَائِبُونَ عَابِدُونَ سَاجِدُونَ لِرَبِّنَا حَامِدُونَ صَدَقَ اللهُ وَعْدَهُ وَنَصَرَ عَبْدَهُ وَهَزَمَ الأَحْزَابَ وَحْدَهُ.

**Okunuşu:** *"La ilahe illallahu vahdehu la şerike leh, lehü'l-mülkü ve lehü'l-hamdü ve hüve ala külli şey'in kadir. Ayibune, taibune, abidune, sacidune li-rabbina hamidune. Sadekallahü va'dehü ve nasara abdehu ve hezeme'l-ahzabe vahdehu."*

**Anlamı:** "Allah'tan başka hiçbir ilah yoktur. O tektir, ortağı yoktur, mülk O'nundur, hamd O'nadır. O, her şeye kadirdir. Yolculuktan dönüyor, tevbe ediyor, kulluk yapıyor secde ediyor ve Rabbimize hamd ediyoruz. Allah va'dinde sadık oldu, kuluna yardım etti.(Hendek Harbi'nde) müttefik orduları tek başına helak etti." (Buhari,De'avat,52;Megazi,29;Müslim,hacc,428)

**Dua ile ilgili bilgi:** Sahabeden Abdullah İbn Ömer (r.a) anlatıyor: Resulullah (s.a.v) seferden dönerken, uğradığı her tümsekte üç kere tekbir getirir, arkasından da böyle dua ederdi.

## YEMEK DUASI

الْحَمْدُ لِلَّهِ الَّذِي أَطْعَمَنَا وَسَقَانَا وَجَعَلَنَا مُسْلِمِينَ.

الْحَمْدُ لِلَّهِ حَمْداً كَثِيراً طَيِّباً مُبَارَكاً فِيهِ غَيْرَ مَكْفِيٍّ وَلَا مُوَدَّعٍ وَلَا مُسْتَغْنًى عَنْهُ رَبَّنَا. الْحَمْدُ لِلَّهِ الَّذِي أَطْعَمَنِي هَذَا الطَّعَامَ وَ رَزَقَنِيهِ مِنْ غَيْرِ حَوْلٍ مِنِّي وَ لَا قُوَّةٍ.

**Okunuşu:** ***"Elhamdü lillahillezi et'amena ve sekana vece'alena müslimin. Elhamdü lillahi hamden kesiran tayyiben mübareken fihi, ğayra mekfiyyin,ve la müvedde'ın ve la müsteğnen anhü Rabbena. Elhamdü lillahillezi et'ameni haza't taame ve razakanihi min ğayri havlin minni ve la kuvvetin."***

**Anlamı:** "Bize yedirip içiren ve bizi Müslümanlardan kılan Allah'a hamdolsun" "Ey Rabbimiz! Sana tertemiz duygularla, eksilmeyip artan,huzurundan geri çevrilmeyip kabul edilen sayısız hamd ile hamd ederiz." "Bu yiyeceği bana yediren ve tarafımdan hiçbir güç ve kuvvet olmadan bunu bana rızık kılan Allah'a hamd olsun." (Ebu Davud, Libas,1;Tirmizi, De'avat 55)

**Dua ile ilgili bilgi:** Sahabeden Ebu Said el- Hudri (r.a) anlatıyor: Hz.Peygamber (s.a.v), bir şey yiyip içtikten sonra bu duayı okurdu.

### Nimete Şükür Duası

اللَّهُمَّ قَنِّعْنِي بِمَا رَزَقْتَنِي وَبَارِكْ لِي فِيهِ وَاخْلُفْ عَلَيَّ كُلَّ غَائِبَةٍ لِي بِخَيْرٍ.

**Okunuşu:** *"Allahhümme kanni'ni bima razekteni ve barikli fihi ve ahlif 'aleyye külli ğaibetil li bihayr."*

**Anlamı:** "Allah'ım! Bana verdiğin rızık konusunda beni kanaat sahibi yap ve rızkımı bereketli kıl. Zayi olan her nimetin daha hayırlısını bana ihsan eyle." (Hakim,De'avat,No:1879)

### Nimete Kavuşunca Okunacak Dua

اللَّهُمَّ إِنِّي أَسْأَلُكَ الثَّبَاتَ فِي الأَمْرِ وَ الْعَزِيمَةَ عَلَى الرُّشْدِ. وَأَسْأَلُكَ شُكْرَ نِعْمَتِكَ وَحُسْنَ عِبَادَتِكَ وَأَسْأَلُكَ لِسَانًا صَادِقًا وَقَلْبًا سَلِيمًا وَأَعُوذُ بِكَ مِنْ شَرِّ مَا تَعْلَمُ. وَأَسْتَغْفِرُكَ مِمَّا تَعْلَمُ إِنَّكَ أَنْتَ عَلاَّمُ الْغُيُوبِ.

**Okunuşu:** *"Allahümme inni es'elüke's-sebate fi'l-emri, ve'l-'azimete 'ale'r-ruşdi. Ve es'elüke şükra ni'metike ve husne 'ıbadetike. Ve es'elüke lisanen sadikan ve kalben selimen. Ve e'uzübike min şerri ma ta'lemü.Ve estağfiruke mimma ta'lemü.İnneke ente 'allamü'l-ğuyub."*

**Anlamı:** "Allah'ım! Senden işte (dinde) sebat etmeyi ve doğruluğa da azmetmeyi istiyorum. Nimetine şükretmeyi ve sana güzel ibadette bulunmayı istiyorum. Doğruyu konuşan bir dil, eğriliklerden uzak bir kalp istiyorum. Allah'ım! Senin bildiğin her çeşit şerden sana sığınıyorum. Bildiğin bütün hayırları senden istiyorum. Bildiğin günahlarımdan sana istiğfar ediyorum. Şüphesiz ki gaybı en iyi sen bilirsin."(Tirmizi,De'avat,23)

## HELAL RIZIK VE KAZANÇ İÇİN DUA

اللَّهُمَّ اكْفِنِي بِحَلاَلِكَ عَنْ حَرَامِكَ وَاغْنِنِي بِفَضْلِكَ عَمَّنْ سِوَاكَ.

**Okunuşu:** ***"Allahümme'kfini bi-helalike 'an haramike, veğnini bi-fadlike 'ammen sivake."***

**Anlamı:** "Allah'ım! Bana helal rızık nasib ederek haramlardan koru! Lütfunla beni senden başkasına muhtaç etme!" (Tirmizi,De'avat,110)

**Dua ile ilgili bilgi:** Hz.Ali (r.a.)'den rivayet edildiğine göre, Resulullah (s.a.v.) da kendisine bu duayı öğretti.

## BEREKET DUASI

اللَّهُمَّ بَارِكْ لَهُمْ فِي مِكْيَالِهِمْ وَ بَارِكْ لَهُمْ فِي سَعْيِهِمْ وَ مُدِّهِمْ.

**Okunuşu:** ***"Allahümme barik lehüm fi mikyalihim ve barik lehüm fi sa'ıhim ve müddihim."***

**Anlamı:** "Allah'ım! Onların ölçülerini, tartılarını, her türlü ticari iş ve işlemlerini mübarek ve bereketli eyle!" (Buhari, Bey; 53)

**Dua ile ilgili bilgi:** Enes b. Malik (r.a.),Resulullah (s.a.v.)'ın,(ziraat ve ticaretle uğraşan)Medineliler için böyle dua ettiğini bildirmiştir.

## SAĞLIK VE AFİYET DUASI

اللَّهُمَّ إنِّي أعُوذُ بِكَ مِنْ زَوَالِ نِعْمَتِكَ وَتَحَوُّلِ عَافِيَتِكَ وَفُجَاءَةِ نِقْمَتِكَ وَجَمِيعِ سَخَطِكَ.

**Okunuşu:** ***"Allahümme inni e'uzü bike min zevali ni'metike ve tehavvüli 'afiyetike ve fücaeti nıkmetike ve cemi'ı sahatike."***

**Anlamı:** "Allah'ım! Verdiğin nimetin yok olup gitmesinden, lütfettiğin afiyetin bozulmasından , ansızın vereceğin cezadan ve senin gazabını üzerime çekecek her şeyden sana sığınırım." (Müslim,zikir,96;Ebu Davud,Vitir,32)

**Dua ile ilgili bilgi:** Abdullah İbni Ömer (r.a.) diyor ki; Resulullah (s.a.v.)'ın dualarından biri bu idi.

## Nimetin, Sağlık ve Afiyetin Devamı İçin Dua

اللَّهُمَّ إِنِّي أَصْبَحْتُ مِنْكَ فِي نِعْمَةٍ وَعَافِيَةٍ وسَتْرٍ فَأَتِمَّ نِعْمَتَكَ عَلَيَّ وَعَافِيَتَكَ وَسَتْرَكَ فِي الدُّنْيَا وَالآخِرَةِ.

**Okunuşu:** ***(Allahümme innı asbahtü minke fı nimetin ve afiyetin ve setrin, feettimme nımeteke aleyye ve afiyeteke ve setreke fi'd-dünya ve'l-ahireti)***

**Anlamı:** "Allah'ım! Senin nimetin, afiyet ve koruman içinde sabahladım; bana olan nimetini, afiyet ve korumanı dünyada ve ahirette tamamla."

**Dua İle İlgili Bilgi:** Kim sabahladığı zaman üç defa bu duayı okursa Allah o nimeti tamamlar.Akşam söylerse,yine böyle olur. Ancak "asbahtü" yerine "emseytü" der. ( Nevevi,Ezkar,76)

## Sağlık ve Esenlik için Okunacak Dua

اللَّهُمَّ اهْدِنِي فِيمَنْ هَدَيْتَ وَعَافِنِي فِيمَنْ عَافيْتَ وَتولَّنِي فِيمَنْ تَولَّيْتَ وَبَارِكْ لِي فِيمَا أَعْطيْتَ وَقِنِي شَرَّ مَا قضَيْتَ إِنَّكَ تَقْضِي ولاَ يُقْضَى عَلَيْكَ. إِنَّهُ لا يَذِلُّ مَنْ وَالَيتَ تَبارَكْتَ وَتَعَالَيْتَ.

**Okunuşu:** ***"Allahümme'hdini fimen hedeyte ve 'afini fimen 'afeyte ve tevelleni fimen tevelleyte ve barikli fima a'tayte ve kını şerra ma kadayte inneke takdi ve la yükda aleyke innehu la yezillü men valeyte tebarekte ve te'aleyte."***

**Anlamı:** "Allah'ım! Hidayet ettiğin kimselerle birlikte bana da hidayet et, afiyet verdiğin kimselerle birlikte bana da afiyet ver, yüz çevirdiğin kimselerden benim de yüz çevirmemi nasip et, bana verdiğin nimetleri bereketli kıl, hükmettiğin şeylerin şerrinden beni koru, şüphesiz hükmü sen veriyorsun, Sana karşı hüküm verilemez. Şüphesiz ki Senin dost edindiğin kimseler rezil olmaz. Sen, eksikliklerden münezzehsin ve şanı yüce olansın." (İbn Hıbban, Ed'ıye, No: 945)

## ANA VE BABAMIZ İÇİN YAPILACAK DUALAR

رَبَّنَا آتِنَا فِي الدُّنْيَا حَسَنَةً وَفِي الآخِرَةِ حَسَنَةً وَقِنَا عَذَابَ النَّارِ.

رَبَّنَا لاَ تُؤَاخِذْنَا إِن نَّسِينَا أَوْ أَخْطَأْنَا. رَبَّنَا وَلاَ تَحْمِلْ عَلَيْنَا إِصْراً كَمَا حَمَلْتَهُ عَلَى الَّذِينَ مِن قَبْلِنَا. رَبَّنَا وَلاَ تُحَمِّلْنَا مَالاَ طَاقَةَ لَنَا بِهِ وَاعْفُ عَنَّا وَاغْفِرْ لَنَا وَارْحَمْنَآ أَنتَ مَوْلاَنَا فَانصُرْنَا عَلَى الْقَوْمِ الْكَافِرِينَ.

رَبَّنَا اغْفِرْ لَنَا ذُنُوبَنَا وَإِسْرَافَنَا فِي أَمْرِنَا وَثَبِّتْ أَقْدَامَنَا وانصُرْنَا عَلَى الْقَوْمِ الْكَافِرِينَ. رَبَّنَا فَاغْفِرْ لَنَا ذُنُوبَنَا وَكَفِّرْ عَنَّا سَيِّئَاتِنَا وَتَوَفَّنَا مَعَ الأَبْرَارِ. رَبَّنَا ظَلَمْنَا أَنفُسَنَا وَإِن لَّمْ تَغْفِرْ لَنَا وَتَرْحَمْنَا لَنَكُونَنَّ مِنَ الْخَاسِرِينَ. رَبَّنَا اغْفِرْ لِي وَلِوَالِدَيَّ وَلِلْمُؤْمِنِينَ يَوْمَ يَقُومُ الْحِسَابُ.

رَبَّنَا آمَنَّا فَاغْفِرْ لَنَا وَارْحَمْنَا وَأَنتَ خَيْرُ الرَّاحِمِينَ. رَّبِّ اغْفِرْ وَارْحَمْ وَأَنتَ خَيْرُ الرَّاحِمِينَ. رَبَّنَا اصْرِفْ عَنَّا عَذَابَ جَهَنَّمَ إِنَّ عَذَابَهَا كَانَ غَرَامًا.

إِنَّهَا سَاءَتْ مُسْتَقَرًّا وَمُقَامًا. رَبِّ إِنِّي ظَلَمْتُ نَفْسِي فَاغْفِرْ لِي فَغَفَرَ لَهُ إِنَّهُ هُوَ الْغَفُورُ الرَّحِيمُ. رَبَّنَا اغْفِرْ لَنَا وَلِإِخْوَانِنَا الَّذِينَ سَبَقُونَا بِالْإِيمَانِ وَلَا تَجْعَلْ فِي قُلُوبِنَا غِلاً لِلَّذِينَ آمَنُوا رَبَّنَا إِنَّكَ رَؤُوفٌ رَّحِيمٌ.

**Okunuşu:** *"Rabbena atina fi'd-dünya haseneten ve fi'l-ahırati haseneh. Ve kına azabe'n-nar. Rabbena la tüahızna in nesina ev ahta'na. Rabbena ve la tahmil 'aleyna ısran kema hameltehu 'ale'l-lezine min kablina, Rabbena ve la tühammilna ma la takate lena bih. Va'fü anna vağfir lena verhamna, ente mevlana fensurna 'ale'l- kavmi'l-kâfirin. Rabbene'ğfir lena zünubena ve israfena fi emrina ve sebbit akdamena ve'nsurna 'ale'l-kavmi'l kafirin. Rabbena fağfir lena zünubena ve keffir 'anna seyyiatina ve teveffena me'a'l-ebrar.Rabbena zalemna enfüsena ve in lem tağfir lena ve terhamna le nekunenne mine'l-hasirin. Rabbena'ğfir li ve livalideyye ve lil-mü'minine yevme yekumü'l-hısab. Rabbena amenna feğfir lena verhamna ve ente hayrü'r-Rahımin. Rabbi'ğfir ve'rham ve ente hayru'r-Rahımin. Rabbena'srif 'anna 'azabe cehenneme inne 'azabeha kane ğaramen inneha saet müstekarren ve mükamen. Rabbi inni zalemtü nefsi feğfir li fe ğafera lehu innehu hüve'l-ğafuru'r Rahim. Rabbene'ğfir lena ve li ihvanine'l-lezine sebekuna bi'l-imani ve la tec'al fi kulubina ğıllen lillezine amenu Rabbena inneke raufü'r-Rahim."*

**Anlamı:** "Rabbimiz! Bize dünyada da iyilik ver, ahiretde de iyilik ver ve bizi ateş azabından koru (Bakara, 2/201). Ey Rabbimiz! Unutur, ya da yanılırsak bizi sorumlu tutma! Ey Rabbimiz! Bize, bizden öncekilere yüklediğin gibi ağır yük yükleme. Ey Rabbimiz! Bize gücümüzün yetmediği şeyleri yükleme! Bizi affet. Bizi bağışla. Bize acı! Sen bizim mevlamızsın. Kâfirler topluluğuna karşı bize yardım et (Bakara, 2/286). Rabbimiz! Bizi günahlarımızı ve işimizdeki taşkınlıklarımızı bağışla ve (yolunda) ayaklarımızı sağlam tut. Kafir topluma karşı bize yardım et." (Al-İmran 3/147) "Rabbimiz! Günahlarımızı bağışla. Kötülüklerimizi ört. Canımızı iyilerle beraber al." (Al-İmran 3/193) "Rabbimiz! Biz kendimize zulüm ettik. Eğer bizi bağışlamaz ve bize acımazsan mutlaka ziyan edenlerden oluruz." (A'raf,7/23) "Rabbimiz! Hesap görülecek günde, beni, ana-babamı ve inananları bağışla." (İbrahim,14/41) "Ey Rabbimiz! Biz inandık, bizi bağışla, bize merhamet et, sen merhamet edenlerin en hayırlısısın." (Mü'minun, 23/109) "Rabbim! Bağışla, merhamet et. Çünkü sen merhamet edenlerin en hayırlısısın!" (Mü'minun, 23/118) "Ey Rabbimiz! Bizden cehennem azabını uzaklaştır, gerçekten onun azabı sürekli bir helaktir! Şüphesiz, ne kötü bir durak ve ne kötü bir konaktır orası." (Furkan, 25/65–66) "Rabbim! Şüphesiz ben nefsime zulmettim. Beni affet, dedi. Allah da onu affetti. Şüphesiz O, çok bağışlayandır, çok merhamet edendir." (Kasas, 28/16) "Ey Rabbimiz! Bizi ve bizden önce iman etmiş olan kardeşlerimizi bağışla. Kalplerimizde, iman edenlere karşı hiçbir kin tutturma! Ey Rabbimiz! Şüphesiz sen çok esirgeyicisin, çok merhametlisin."(Haşr,59/10)

## TÖVBE VE İSTİĞFAR DUALARI

**1. Dua**

اللَّهُمَّ طَهِّرْنِي مِنَ الذُّنُوبِ بِالثَّلْجِ وَالْبَرَدِ وَالْمَاءِ.

اللَّهُمَّ طَهِّرْنِي مِنَ الذُّنُوبِ كَمَا يُطَهَّرُ الثَّوْبُ مِنَ الدَّنَسِ

**Okunuşu:** ***"Allahümme tahhirni mine'z-zünubi bi's-selci ve'l-beradi ve'l-mai. Allahümme tahhirni mine'z-zünubi kema yütahharu's-sevbü mined-denesi.***

**Anlamı:** "Allah'ım! Beni günahlarımdan kar, buz ve soğuk su ile temizle. Allah'ım! Beni günahlarımdan elbisenin kirlerden temizlendiği gibi temizle." (İbn Hıbban, Ed'ıye, No: 955)

**Dua ile ilgili bilgi:** İbn Ebi'l-Evfa, Peygamberimizin böyle dua ettiğini bildirmiştir.

**2. Dua**

اللَّهُمَّ إِنِّي ظَلَمْتُ نَفْسِي ظُلْماً كَثِيراً وَلاَ يَغْفِرُ الذُّنُوبَ إِلاَّ أَنْتَ فَاغْفِرْ لِي مَغْفِرَةً مِنْ عِنْدِكَ وَارْحَمْنِي إِنَّكَ أَنْتَ الْغَفُورُ الرَّحِيمُ.

**Okunuşu:** ***"Allahümme inni zalemtü nefsi zulmen kesiran ve la yağfirü'z-zünube illa ente,fağfir-li mağfireten min 'ındike,verhamni inneke ente'l-ğafuru'r-rahim."***

**Anlamı:** "Allah'ım! Ben kendime çok zulmettim. Günahları bağışlayacak ise yalnız sensin. Öyleyse tükenmez lütfunla beni bağışla,bana merhamet et.Çünkü affi sonsuz, merhameti nihayetsiz olan yalnız sensin." (Buhari,Ezan,149,De'avat 17, Tevhid, 9;Müslim,Zikir, 48)

**Dua ile ilgili bilgi:** Sahabeden Ebu Bekir (r.a.) Peygamberimiz (s.a.v.)'e ;'Bana bir dua öğret de ( tevbe anlamında) onu namazımda okuyayım deyince; Efendimiz böyle dua etmesini buyurmuştur.

**3. Dua**

اللَّهُمَّ اغْفِرْ لِي خَطِيئَتِي وَجَهْلِي وَإِسْرَافِي فِي أَمْرِي وَمَا أَنْتَ أَعْلَمُ بِهِ مِنِّي.
اللَّهُمَّ اغْفِرْ لِي جِدِّي وَهَزْلِي وَخَطَئِي وَعَمْدِي وَ كُلُّ ذَلِكَ عِنْدِي.
اللَّهُمَّ اغْفِرْ لِي مَا قَدَّمْتُ وَمَا أَخَّرْتُ وَمَا أَسْرَرْتُ وَمَا أَعْلَنْتُ وَمَا أَنْتَ أَعْلَمُ بِهِ مِنِّي أَنْتَ الْمُقَدِّمُ وَأَنْتَ الْمُؤَخِّرُ وَ أَنْتَ عَلَى كُلِّ شَيْءٍ قَدِيرٌ.

**Okunuşu:** ***"Allahümme'ğfirli hatieti ve cehli ve israfi fi emri ve ma ente a'lemü bihi minni. Allahümme'ğfirli ciddi ve hezli ve hatai ve 'amdi ve küllü zalike 'ındi. Allahümme'ğfirli ma kaddemtü vema ahhartü, vema esrartü vema a'lentü, vema ente a'lemü bihi minni,ente'l-mukaddimü ve ente'l-muahhiru, ve ente ala külli şey'in kadir."***

**Anlamı:** "Allah'ım! Günahlarımı, bilgisizlik yüzünden yaptıklarımı, haddimi aşarak işlediğim kusurlarımı, benden daha iyi bildiğin bütün suçlarımı bağışla! Allah'ım! Ciddi ve şaka yollu yaptıklarımı, yanlışlıkla ve bilerek işlediğim günahlarımı affeyle! Bütün bu kusurların bende bulunduğunu itiraf ederim. Allah'ım! Şimdiye kadar yaptığım, bundan sonra yapacağım, gizlediğim ve açığa vurduğum, ölçüsüz bir şekilde işlediğim ve benden daha iyi bildiğin günahlarımı affeyle! Öne geçiren de sen, geride bırakan da sensin. Senin gücün her şeye yeter." (Buhari,De'avat,60;Müslim, Zikir,70)

## Seyyidü'l-İstiğfar Duası

اللَّهُمَّ أنْتَ رَبي لاَ إلَهَ إلاَّ أنْتَ خَلَقْتَنِي وَأنَا عَبْدُكَ وَأنَا عَلى عَهْدِكَ وَوَعْدِكَ مَا اسْتَطَعْتُ. أعُوذُ بِكَ مِنْ شَرِّ مَا صَنَعْتُ أبُوءُ لَكَ بِنِعْمَتِكَ عَلَيَّ وَأبُوءُ لَكَ بِذَنْبِي فَاغْفِرْ لِي فَإنَّهُ لاَ يَغْفِرُ الذُّنُوبَ إلاَّ أنْتَ.

**Okunuşu:** ***"Allahümme ente Rabbi, la ilahe illa ente halakteni,ve ene 'abdüke, ve ene ala ahdike ve va'dike m'esteta'tü. Euzü bike min şerri ma sana'tü, ebuü leke bi-ni'metike 'aleyye ve ebuü leke bi-zenbi,fağfir li fe-innehu la yağfirü'z-zünube illa ente.***

**Anlamı:** "Allah'ım! Sen benim Rabbimsin! Beni sen yarattın. Ben senin kulunum; gücüm yettiğince ezelde sana verdiğim sözümde ve vaadimde durmaktayım. Yaptığım kötülüklerin ve işlediğim kusurların şerrinden sana sığınırım. Bana lütfettiğin, üzerimdeki nimetlerini yüce huzurunda minnetle anıp, itiraf ederim. Aynı şekilde günahımı da itiraf ederim. Beni bağışla; çünkü senden başka hiçbir kimse günahları affedip bağışlayamaz." (Buhari, De'avat,2, 15;Ebu Davud,Edep,101 ;Tirmizi,De'avat, 15;Nesai, İstiaze, 57; İbn Mace, Dua,14)

**Dua ile ilgili bilgi:** Peygamberimiz bu duayı okuyan kişinin (gereğini yerine getirmek koşuluyla) cennete gireceğini haber vermiştir. Hz.Şeddad b. Evs(r.a.) Peygamberimizin bu duayı 'duaların efendisi' olarak nitelediğini söyler. Sabah veya akşam ölmeden evvel okuyan cennete girer der.

## PEYGAMBERİMİZİN İSTİĞFAR DUALARI

**1. Dua**

سُبْحَانَكَ اللَّهُمَّ وَ بِحَمْدِكَ اللَّهُمَّ اغْفِرْ لِي إِنَّكَ أَنْتَ التَّوابُ الرَّحِيمُ.

**Okunuşu:** ***"Sübhanekallahümme ve bi hamdik, Allahümmağfirli inneke ente't-tavvabü'r-rahim."***

**Anlamı:** "Allah'ım! Seni noksan sıfatlardan tenzih ederim. Sana hamdederim. Allah'ım! Beni bağışla. Kuşkusuz Sen tevbeleri kabul eden ve pek merhametli olansın." (Buhari)

**2. Dua**

اللَّهُمَّ اغْفِرْ لِي خَطِيئَتِي وَجَهْلِي وَإِسْرَافِي فِي أَمْرِي وَمَا أَنْتَ أَعْلَمُ بِهِ مِنِّي.اللَّهُمَّ اغْفِرْ لِي جِدِّي وَهزْلِي وَخَطَئِي وَعَمْدِي وَ كُلُّ ذَلِكَ عِنْدِي. اللَّهُمَّ اغْفِرْ لِي مَا قَدَّمْتُ وَمَا أَخَّرْتُ وَمَا أَسْرَرْتُ وَمَا أَعْلَنْتُ وَمَا أَنْتَ أَعْلَمُ بِهِ مِنِّي أَنْتَ الْمُقَدِّمُ وَأَنْتَ الْمؤَخِّرُ وَأَنْتَ عَلَى كُلِّ شَيْءٍ قَدِيرٌ.

**Okunuşu:** ***"Allahümmağfir li hatieti ve cehli ve israfi fi emri ve ma ente a'lemü bihi minni Allahümmağfir li ciddi ve hezli ve hata'i ve amdi ve küllü zalike ındi. Allahümmağfir li ma kaddemtü ve ma ahhartü ve ma esrartü ve ma a'lentü ve ma ente a'lemü bihi minni ente'l-mukaddimü ve ente'l-muahhiru ve ente ala külli şey'in kadir."***

**Anlamı:** "İlahi! Hatalarımı, bilgisizliğimi, işlerimdeki israfımı (aşırı hareketimi), Senin benden daha iyi bildiğin kusurlarımı bağışla! Allah'ım! Ciddi halimi, şakamı, hatamı, kasıtlı davranışlarımı bağışla. Bu kusurların hepsi bende var. İlahi! Önden gönderdiğim, önceden yaptığım ve sonraya bıraktığım, sonradan yapabileceğim gizli ve açıktan işlediğim ve Senin benden daha iyi bildiğin kusurlarımı bağışla. Çünkü Sensin ileri götüren, Sensin geri bırakan, Sensin her şeye gücü yeten!" (Buhari, Müslim)

**3. Dua**

أَسْتَغْفِرُ اللّٰهَ الْعَظِيمَ الَّذِي لاَ إِلَهَ إِلاَّ هُوَ الْحَيُّ الْقَيُّومُ وَأَتوبُ إِلَيْهِ.

**Okunuşu:** ***"Estağfirullahe'l-azimellezi la ilahe illa hüve'l-hayyu'l-kayyume ve etubu ileyh."***

**Anlamı:** "Hayy ve Kayyum olup kendisinden başka ilah bulunmayan yüce Allah'tan mağfiret dilerim, O'na tevbe ederim."

**Dua İle İlgili Bilgi:** Kim bu cümleleri okursa deniz köpükleri kadar da olsa –veya Efendimiz şu ifadelerden birini kullanmıştır: Veya Alic çölü kumları sayısınca yahut ağaçların yaprakları adedince veya dünya günleri sayısınca- günahı olsa Allah günahlarını bağışlar." (Tirmizi)

**4. Dua**

رَبِّ اغْفِرْ لِي وَ تُبْ عَلَيَّ إِنَّكَ أَنْتَ التَّوَّابُ الرَّحِيمُ.

**Okunuşu:** ***"Rabbiğfirli ve tüb aleyye inneke ente't-tevabbü'r-rahim."***

**Anlamı:** "Rabbim beni bağışla ve tevbemi kabul et. Hakikat Sen tevbeleri çok kabul eden ve esirgeyensin."

**5. Dua**

سُبْحَانَ اللَّهِ وَ بِحَمْدِهِ سُبْحَانَ اللَّهِ الْعَظِيمِ أَسْتَغْفِرُ اللَّهَ الْعَظِيمَ وَأَتُوبُ إِلَيْهِ.

**Okunuşu:** ***"Sübhanallahi ve bi hamdihi sübhannallahi'l-azimi estağfirullahe'l-azime ve etubü ileyh."***

**Anlamı:** "Azim olan Allah'ı tesbih ve O'na hamd ederim. Azim olan Allah'a istiğfar eder, O'na tevbe ederim."

**6. Dua**

أَسْتَغْفِرُ اللَّهَ إِنَّهُ كَانَ غَفَّاراً.

**Okunuşu:** ***"Estağfirullahe innehu kane gaffara."***

**Anlamı:** "Allah'tan af diliyorum. Çünkü Allah bolca bağışlayıcıdır."

**7. Dua**

أَسْتَغْفِرُ اللَّهَ إِنَّهُ كَانَ تَوَّاباً.

**Okunuşu:** ***"Esteğfirullahe innehu kane tevvaba."***

**Anlamı:** "Allah'tan af talep ediyorum. Çünkü Allah bolca tevbeleri kabul edendir."

**8. Dua**

رَبِّ اغْفِرْ وَارْحَمْ وَ أَنْتَ خَيْرُ الرَّاحِمِينَ.

**Okunuşu:** ***"Rabbiğfir verham ve ente hayru'r-rahimin."***

**Anlamı:** "Ya Rabbi! Affet, rahmet et, zira Sen rahmet edenlerin en hayırlısısın."

**9. Dua**

فَاغْفِرْ لَنَا وَارْحَمْنَا وَأَنْتَ خَيْرُ الْغَافِرِينَ.

**Okunuşu:** ***"Fağfir lena verhamna ve ente hayru'l-ğafirin."***

**Anlamı:** "Bizi affet, bize mağfiret gönder. Zira Sen affedenlerin en hayırlısısın."gibi cümlelerle istiğfarda bulunması çok güzeldir."

**10. Dua**

اللَّهُمَّ أَنْتَ رَبِي لاَ إِلَهَ إِلاَّ أَنْتَ خَلَقْتَنِي وَأَنَا عَبْدُكَ وَأَنَا عَلَى عَهْدِكَ وَ وَعْدِكَ مَا اسْتَطَعْتُ. أَعُوذُ بِكَ مِنْ شَرِّ مَا صَنَعْتُ أَبُوءُ لَكَ بِنِعْمَتِكَ عَلَيَّ وَ أَبُوءُ بِذَنْبِي فَاغْفِرْ لِي ذُنُبِي فَإِنَّهُ لاَ يَغْفِرُ الذُّنُوبَ إِلاَّ أَنْتَ يَا أَرْحَمَ الرَّاحِمِينَ.

**Okunuşu:** ***"Allahümme ente Rabbi la ilahe illa ente halakteni ve ene abdüke ve ene ala ahdike ve va'dike mesteta'tü euzü bike min şerri ma sana'tü ebuu leke bi ni'metike ve aleyye ve ebuu bi zenbi fağfirli zünubi fe innehu la yağfiru'z-zünube illa ente ya erhamerrahimin."***

**Anlamı:** "Allah'ım! Sen Rabbimsin. Senden başka ilah yoktur. Beni Sen yarattın. Ben Senin kulunum, gücüm yettiğince ahdin ve va'din üzerindeyim. Yaptığım kötülüklerden Sana sığınırım. Üzerimdeki nimetlerini itiraf ve günahlarımı ikrar ederim. Beni affet, çünkü günahları ancak sen affedersin. Ey merhametlilerin en merhametlisi."

## MUSİBETLE KARŞILAŞINCA OKUNACAK DUALAR

إِنَّا لِلَّه وَ إِنَّا إِلَيْه رَاجِعُونَ. اللَّهُمَّ عِنْدَكَ أَحْتَسِبُ مُصِيبَتِي فَأْجُرْنِي فِيهَا وَ أَبْدِلْنِي بِهَا خَيْراً عَنْهَا مِنْهَا.

**Okunuşu:** ***"İnna liilahi ve inna ileyhi raciun, Allahümme indeke ahtesibü musibeti fe'cürni fiha ve ebdilni biha hayran anha minha."***

**Anlamı:** "Biz Allah'a aidiz. (O'na teslim olmuş kullarız). Ve ancak O'na dönücüleriz. Allah'ım, katından bu musibetimin ecrini umuyorum. (bu musibeti yok et ve beni bununla sevaplandır) Onu hayırla değiştir"

## Musibet Gelmesini Engellemek İçin Dua

بِسْمِ اللّهِ الَّذِي لاَ يَضُرُّ مَعَ اسْمِهِ شَيْئٌ فِي الأَرْضِ وَلاَ فِي السَّمَاءِ وَ هُوَ السَّمِيعُ الْعَلِيمُ.

**Okunuşu:** ***"Bismillahi'l-lezi la yedurru ma'a-smihi şey'ün fi'l-ardi vela fi's-semai ve hüve's-semi'u'l-'âlim."***

**Anlamı:** "Adı anıldığı zaman gerek yerde gerekse gökte hiçbir şeyin zarar veremeyeceği Allah'ın adıyla! O, hakkıyla işiten ve hakkıyla görendir, derse ona hiçbir şey zarar vermez, görülmedik kaza ve bela ona isabet etmez." (Ebu Davud, Edeb, 110; İbn Mace, Dua, 14; Tirmizi, De'avad, 13)

**Dua ile ilgili bilgi:** Sabah aksam 3'er kez okunur.

## Musibete Perde Olacak Dua

اللَّهُمَّ إِنِّي أَعُوذُ بِكَ مِنْ التَّرَدِّي وَالْهَدْمِ وَالْغَرَقِ وَالْحَرِقِ أَعُوذُ بِكَ أَنْ يَتَخَبَّطَنِي الشَّيْطَانُ عِنْدَ الْمَوْتِ وَأَعُوذُ بِكَ أَنْ أَمُوتَ فِي سَبِيلِكَ مُدَبِّراً وَأَعُوذُ بِكَ أَنْ أَمُوتَ لَدِيغاً.

**Okunuşu:** ***"Allahümme inni e'uzü bike mine't-teraddi ve'l-hedmi ve'l-ğarakı ve'l-harıkı. Ve e'uzü bike en yetehabbetaniye'ş-şeytanü 'ınde'l-mevti. Ve e'uzü bike en emute fi sebilike müdebbiran. Ve e'uzü bike en emute ledi'ğan."***

**Anlamı:** Allah'ım! Yüksekten düşmekten, göçükten/göçük altında kalmaktan, boğulmaktan, yangından Sana sığınırım. Allah'ım! Ölüm anında şeytana çarpılmaktan Sana sığınırım. Allah'ım! Senin yolundan dönerek ölmekten sana sığınırım. Allah'ım! Yılan sokması ile ölmekten Sana sığınırım." (Nesai, es-Sünenü'l-Kübra, İstiaze, 65, No:7972)

## Peygamberimizin Her Musibete Karşı Önerdiği Dualar

### 1. Dua

اللَّهُمَّ أَنْتَ رَبِي لاَ إِلَهَ إِلاَّ أَنْتَ عَلَيْكَ تَوَكَّلْتُ وَ أَنْتَ رَبُّ الْعَرْشِ الْعَظِيمِ.
مَا شَاءَ اللهُ كَانَ وَمَا لَمْ يَشَأْ لَمْ يَكُنْ لاَ حَوْلَ وَلاَ قُوَّةَ إِلَّا بِاللهِ الْعَلِيِّ
الْعَظِيمِ. أَعْلَمُ أَنَّ اللهَ عَلَى كُلِّ شَيْءٍ قَدِيرٌ وَأَنَّ اللهَ قَدْ أَحَاطَ بِكُلِّ
شَيْءٍ عِلْماً. اللَّهُمَّ إِنِّي أَعُوذُ بِكَ مِنْ شَرِّ نَفْسِي وَمِنْ شَرِّ كُلِّ دَابَّةٍ أَنْتَ
آخِذٌ بِنَاصِيَتِهَا. إِنَّ رَبِّي عَلَى صِرَاطٍ مُسْتَقِيمٍ.

**Okunuşu:** ***"Allahümme! Ente Rabbi. La ilahe illa ente. Aleyke tevekkeltü ve ente Rabbü'l-arşi'l-'azim. Maşaallahü kane vema lem yeşe' lem yekün. La havle vela kuvvete illa billahi'l-aliyyi'l-'azim. A'lemü ennallahe 'ala külli şey'in kadir. Ve enne'llahe kad ehata bi külli şey'in 'ılma. Allahümme! İnni e'uzü bike min şerri nefsi ve min şerri külli dabbetin, ente ahizün bi nasiyetiha. İnne Rabbi 'ala sıratın müstakim."***

**Anlamı:** "Allah'ım! Sen benim Rabbimsin. Senden başka ilah yoktur. Sana güvendim ve Sen yüce Arş'ın sahibisin. Allah'ın dilediği olur. O'nun dilemediği de olmaz. Güç ve kuvvet sahibi ancak yüce ve ulu Allah'tır. Bilirim ki, Allah'ın her şeye gücü yeter. Ve Allah, her şeyi ilmi ile kuşatmıştır. Allah'ım! Nefsimin şerrinden ve senin yönetimin altındaki bütün canlıların şerrinden sana sığınırım. Şüphesiz Rabbim (yaptığı her işte) doğru yoldadır." (Taberani, Dua, No: 343, I, 129)

**Dua ile ilgili bilgi:** İbn Ömer (r.a.); Peygamberimiz (s.a.v.)'in, her türlü bela ve musibete karşı sabah-akşam böyle dua etmeyi asla terk etmezdi, demiştir.

**2. Dua**

اللَّهُمَّ إنِّي أسْأَلُكَ العَافِيَةَ فِي الدُّنْيَا وَ الآخِرَةِ. اللَّهُمَّ إنِّي أسْألُكَ الْعَفْوَ وَ العَافِيَةَ فِي دِينِي وَدُنْيَايَ وَأَهْلِي وَمَالِي. اللَّهُمَّ اسْتُرْ عَوْرَاتِي وَ آمِنْ رَوْعَاتِي. اللَّهُمَّ احْفَظْنِي مِنْ بَيْنِ يَدَيَّ وَ مِنْ خَلْفِي وَ عَنْ يَمِينِي وَ عَنْ شِمَالِي وَ مِنْ فَوْقِي وَ أَعُوذُ بِعَظَمَتِكَ أنْ اغْتَالَ مِنْ تَحْتِي.

**Okunuşu:** ***"Allahümme inni es'eluke'l-'afiyete fi'd-dünya ve'l-ahirati. Allahümme inni es'elüke'l-'afve ve'l-afiyete fi dini ve dünyaye ve ehli ve mali. Allahümme'stür 'avrati ve âmin rav'ati. Allahümme'hfazni min beyni yedeyye ve min halfi ve 'an yemini ve an şimali ve min fevki. Ve e'uzü bi 'azametike en üğtale min tahti."***

**Anlamı:** "Allah'ım! Senden dünya ve ahrette sağlık ve esenlik istiyorum. Allah'ım! Senden dinimde, dünyamda, ailemde ve malımda af ve afiyet istiyorum. Allah'ım! Eksiklerimi, kusurlarımı ve ayıplarımı ört, korku ve endişelerimi güvene ve huzura çevir. Allah'ım! Ben önümden, arkamdan, sağımdan, solumdan ve üstümden (gelebilecek her türlü bela ve musibete karşı) muhafaza eyle. Altımdan kahrına uğramaktan (depremden) senin azametine sığınırım." (Ebu Davud, Edeb, 110; İbn Mace, Dua, 14)

## Belaya Uğrayanı Görünce okunacak dua

اَلْحَمْدُ لِلَّهِ اَلَّذِي عَافَانِي مِمَّا ابْتَلاَكَ بِهِ وَ فَضَّلَنِي عَلَى كَثِيرٍ مِمَّنْ خَلَقَ تَفْضِيلاً.

**Okunuşu:** ***"Elhamdülillahillezi 'afani mimma ibtelake bihi ve feddaleni 'ala kesiri mimmen haleka tafdila".***

**Anlamı:** "Beni, seni mübtela kıldığı şu şeyden esirgeyen ve beni yarattıklarının birçoğundan üstün kılan Allah'a hamd olsun, derse, o bela ona sirayet etmez" buyurmuştur. (Tirmizi,De'avat, 38 No:3492; İbn Mace, Dua, 22, No: 3892)

## Fakirlikten Korunmak İçin okunacak dualar

**1. Dua**

اللَّهُمَّ إنِّي أَعُوذُ بِكَ مِنْ الْكُفْرِ وَ الْفَقْرِ.

**Okunuşu:** ***"Allahümme inni e'uzü bike mine'l-küfri ve'l-fakri."***

**Anlamı:** "Allah'ım! Küfre düşmekten ve fakirlikten sana sığınırım." (Nesai, es-Sünenü'l-Kübra, İsti'aze, 28; No: 7920; Ahmed b.Hanbel, V, 36)

**2. Dua**

اللَّهُمَّ إنِّي أعُوذُ بِكَ مِنْ زَوَالِ نِعْمَتِكَ وَ تَحَوُّلِ عَافِيَتِكَ وَ فُجَاءَةِ نِقْمَتِكَ وَ جَمِيعِ سَخَطِكَ.

**Okunuşu:** ***"Allahümme inni e'uzü bike min zevali ni'metike ve tehavvüli 'afiyetike ve fücaeti nikmetike ve cemi'ı sahatıke."***

**Anlamı:** "Allah'ım! Nimetinin yok olmasından, sağlık ve afiyetin bozulmasından, ansızın belaya uğramaktan ve her türlü gazabından Sana sığınırım." (Nesai, es-Sünenü'l-Kübra, İstiaze, 56, No:7955)

**3. Dua**

اللَّهُمَّ إنِّي أعُوذُ بِكَ مِنْ الْكَسَلِ وَالْهَدَمِ وَالْهَرَمِ وَالْمَأْثَمِ وَالْمَغْرَمِ وَمِنْ فِتْنَةِ الْقَبْرِ وَعَذَابِ الْقَبْرِ وَمِنْ فِتْنَةِ النَّارِ وَعَذَابِ النَّارِ وَمِنْ شَرِّ فِتْنَةِ الْغِنَى وَأَعُوذُ بِكَ مِنْ فِتْنَةِ الْفَقْرِ.

**Okunuşu:** ***"Allahümme inni e'uzü bike mine'l-keseli ve'l-herami ve'l-me'semi ve'l-mağrami ve min fitneti'l-kabri ve 'azabi'l-kabri ve min fitneti'n-nari ve azabi'n-nari ve min şerri fitneti'l-ğına ve e'uzü bike min fitneti'l-fakri."***

**Anlamı:** "Allah'ım! Tembellikten, ihtiyarlıktan, günahtan, borçtan, kabir fitnesinden ve kabir azabından, cehennem fitnesinden ve cehennem azabından, zenginlik fitnesinin şerrinden Sana sığınırım. Allah'ım! Fakirlik fitnesinden Sana sığınırım." (Nesai, es-Sünenü'l-Kübra, İstiaze, No:8902)

## Fakirlikten Halas Olmak İçin okunacak dua

اللَّهُمَّ رَبَّ السَّمَاوَاتِ السَّبْعِ وَرَبَّ العَرْشِ الْعَظِيمِ. رَبَّنَا وَرَبَّ كُلِّ شَيْءٍ مُنْزِلَ التَّوْرَاةِ والإِنْجِيلِ وَالقُرْآنِ الْعَظِيمِ. أَنْتَ الأَوَّلُ فَلَيْسَ قَبْلَكَ شَيْءٌ وَ أَنْتَ الآخِرُ فَلَيْسَ بَعْدَكَ شَيْءٌ وَأَنْتَ الظَّاهِرُ فَلَيْسَ فَوْقَكَ شَيْءٌ وَأَنْتَ البَاطِنُ فَلَيْسَ دُونَكَ شَيْءٌ. اِقْضِ عَنَّا الدَّيْنَ وَأَغْنِنَا مِنْ الفَقْرِ.

**Okunuşu:** ***(Allahümme rabbe's-semavati's-seb'i ve rabbe'l-arşi'l-azım.Rabbena ve rabbi külli şey'in,münzilete't-tevrati ve'l-incılı ve kur'ani'l-azim.Entel evvelü feleyse kableke şey'ün, ve ente'l-ahiru feleyse ba'deke şey'ün, ve ente'z-zahiru feleyse fevkake şey'ün, ve ente'l-batınü feleyse duneke şey'ün. Ikdı anne'd-deyne ve eğnine mine'l-fakri).***

**Anlamı:** "Allah'ım! Ey yedi kat göklerin Rabbi ve ey büyük arşın Rabbi, ey bizim Rabbimiz ve her şeyin Rabbi! Tevrat'ı, İncil'i ve Kur'an-ı azımi indiren; İlk Sensin, Senden önce kimse yok. Son Sensin, Senden sonra kimse yok.Zahir Sensin, Senden üstün kimse yok. Batın Sensin Senden içeri kimse yok. Borcumuzu öde, bizi fakirlikten kurtar." (İbn Mace 2/1260; Tirmizi, 5/518)

## (DUA-İ KERB) SIKINTI HALİNDE OKUNACAK DUALAR

اللَّهُمَّ رَحْمَتَكَ أَرْجُو فَلاَ تَكِلْنِي إِلَى نَفْسِي طَرْفَةَ عَيْنٍ وَأَصْلِحْ لِي شَأنِي كُلَّهُ لاَ إِلَهَ إِلاَّ أَنْتَ.

**Okunuşu:** ***"Allahümme rahmeteke ercü fela tekilni ila nefsi tarfete aynin ve aslih li şani küllehu la ilahe illa ente."***

**Anlamı:** "Allah'ım rahmetini umarım. Göz açıp yumuncaya kadar bile olsa, beni nefsime bırakma ( helak olurum). Bütün işlerimi düzenleyiver ki, Senden gayrı (iltica edilecek) ilah yoktur, ancak Sen varsın!"

**Dua ile ilgili bilgi:** Ebu Bekir es-Sıddık (r.a.) anlatıyor: Nebiyy-i Ekrem (s.a.v.), "Dua-i Kerb" budur, buyurmuşlardır.

## Sıkıntının İlk Anında okunacak dua

لاَ إِلَهَ إِلاَّ اللَّهُ الْكَرِيمُ الْعَظِيمُ سُبْحَانَهُ تَبَارَكَ اللَّهُ رَبُّ الْعَرْشِ الْعَظِيمِ. الْحَمْدُ لِلَّهِ رَبِّ الْعَالَمِينَ.

**Okunuşu:** ***"La ilahe illallahü'l-kerimü'l –'azimü. Sübhanehu tebareke'llahü Rabbü'l-arşi'l-'azim. Elhamdü lillahi Rabbi'l'alemin."***

**Anlamı:** "Kerem sahibi ve ulu olan Allah'tan başka ilah yoktur. O'nu her türlü eksiklikten tenzih ederim. O, ulu Arş'ın Rabbi'dir. Âlemlerin Rabbi Allah'a hamd olsun." (Ahmed b. Hanbel,1,94)

## Sıkıntıya uğranılınca okunacak dua

يَا مُونِسَ الْمُسْتَوْحِشِينَ يَا أَنِيسَ الْمُتَفَرِّدِينَ يَا ظَاهِرَ الْمُنْقَطِعِينَ يَا مَالَ الْمُقِلِّينَ يَا قُوَّةَ الْمُسْتَضْعَفِينَ يَا كَنْزَ الْفُقَرَاءِ يَا مَوْضِعَ شَكْوَى الْغُرَبَاءِ يَا مُتَفَرِّداً بِالْجَلاَلِ يَا مَعْرُوفاً بِالنَّوَالِ يَا كَثِيرَ الأَفْضَلِ، أَغْثِنِي عِنْدَ كُرْبَتِي. بِحَقِّ مُحَمَّدٍ وَ آلِهِ.

**Okunuşu:** ***"Ya munise'l-mustevhışın, ya enise'l-muteferridin, ya zahira'l-münkati'in, ya male'l-mukillin, ya kuvvete'l-musted'afin, ya kenze'l-fukarai ya mevdi'a şekva'l-ğurabai ya***

***muteferriden bi'l-celal, ya ma'rufen bi'n-neval, ya kesira'l-efdal, ağisni inde kurbeti bi hakki Muhammedin ve alihi."***

**Anlamı:** "Ey yalnızların, kendi başına kalmışların arkadaşı, ey umutsuzluğa düşmüşlerin yardımcısı, ey yoksulların sahibi, ey zayıfların gücü, ey fakirlerin hazinesi, ey gariblerin sığınağı, ey kudretin yalnız kendine mahsus olduğu, ey ihsaniyle tanınmış, keremi sonsuz Rabbim, Muhammed ve âli yüzü hürmetine sıkıntımı gider."

## Sıkıntılı Zamanlarda okunacak dualar

### 1. Dua

يَا مُونِسَ الْمُسْتَوْحِشِينَ يَا أَنِيسَ الْمُتَفَرِّدِينَ يَا ظَاهِرَ الْمُنْقَطِعِينَ يَا مَالَ
الْمُقِلِّينَ يَا قُوَّةَ الْمُسْتَضْعَفِينَ يَا كَنْزَ الْفُقَرَاءِ يَا مَوْضِعَ شَكْوَى الْغُرَبَاءِ
يَا مُتَفَرِّداً بِالْجَلَالِ يَا مَعْرُوفاً بِالنَّوَالِ يَا كَثِيرَ الأَفْضَلِ، أَغِثْنِي عِنْدَ
كُرْبَتِي. بِحَقِّ مُحَمَّدٍ وَ آلِهِ.

**Okunuşu:** ***"La ilahe illallahü'l-azimü'l-halim. La ilahe illallahü Rabbü'l-arşi'l –azim. La ilahe illallahu Rabbü's-semavati ve Rabbü'l-ardi ve Rabbü'l-arşi'l-kerim."***

**Anlamı:** "Büyük ve halim olan Allah'tan başka ilah yoktur. Yüce Arş'ın sahibi Allah'tan başka ilah yoktur. Göklerin, yerin ve kıymetli Arş'ın Rabbi olan Allah'tan başka ilah yoktur." (Buhari, De'avat, 26;Tirmizi, De'avat, 40)

### 2. Dua

فَنَادَى فِي الظُّلُمَاتِ أَنْ لاَ إِلَهَ إِلاَّ أَنْتَ سُبْحَانَكَ إِنِّي كُنْتُ مِنَ الظَّالِمِينَ.

**Okunuşu:** ***"Fe nada fi'z-zulümati en la ilahe illa ente sübhaneke inni küntü mine'z-zalimin."***

**Anlamı:** "Karanlıklarda (balığın karnında, denizin derinliklerinde, gecenin karanlığında) Yunus şöyle dedi: Allah'ım! Senden başka ilah yoktur, Seni her çeşit kusurlardan tenzih ederim. Ben nefsime zulmedenlerdenim." (Enbiya,21/87)

**3. Dua**

اللَّهُمَّ إِنِّي أَعُوذُ بِكَ مِنَ الْهَمِّ وَالْحَزَنِ وَ أَعُوذُ بِكَ مِنَ الْعَجْزِ وَالْكَسَلِ وَ أَعُوذُ بِكَ مِنَ الْجُبْنِ وَالْبُخْلِ وَأَعُوذُ بِكَ مِنْ غَلَبَةِ الدَّيْنِ وَ قَهْرِ الرِّجَالِ.

**Okunuşu:** ***"Allahümme inni e'uzü bike mine'l-hemmi ve'l-hüzni. Ve e'uzü bike mine'l-'aczi ve'l-keseli. Ve e'uzü bike mine'l-cübni ve'l-buhli. Ve e'uzü bike min ğalebeti'd-deyni ve kahri'r-ricali."***

**Anlamı:** "Allah'ım! Üzüntüden kederden sana sığınırım. Acizlikten ve tembellikten sana sığınırım. Korkaklıktan ve cimrilikten sana sığınırım. Borcun beni alt etmesinden ve insanların kahrından sana sığınırım."

## Sıkıntının kaldırılması için okunacak dua

اللَّهُمَّ أَنْتَ الْمَلِكُ الْحَقُّ الْمُبِينُ. مُحَمَّدٌ رَسُولُ اللَّهِ صَادِقُ الْوَعْدُ الأَمِينُ. وَلَكَ الْمُلْكُ وَالْحَمْدُ تُحْيِي وَ تُمِيتُ وَ أَنْتَ حَيٌّ لاَ تَمُوتُ بِيَدِكَ الْخَيْرَ إِنَّكَ عَلَى كُلِّ شَيْءٍ قَدِيرٌ. وَاجْعَلْنِي عَنِ الْبَلاَءِ وَ الْقَضَاءِ بِخَيْرٍ. وَاحْفَظْنِي مِنَ النَّفْسِ وَ الشَّيْطَانِ وَالأَعْدَاءِ بِحَقِّ سُورَةِ يس وَ الْقُرْآنِ الْحَكِيمِ يَا أَرْحَمَ الرَّاحِمِينَ.

**Okunuşu:** ***"Allahümme ente'l-melikü'l-hakkü'l-mübin, Muhammedün rasulullahi sadiku'l-va'dü'l-emin. Ve leke'l-mülkü ve'l-hamdü tuhyi ve tümitu ve ente hayyün la temutu bi-yadike'l-hayru inneke ala külli şey'in kadir. Vec'alni ani'l-belai ve'l-kada'i bihayr. Vahfazni mine'n-nefsi ve'ş-şeytani vel-a'dai***

*bi-hakki sureti yasin ve'l-Kur'ani'l-hakim ya erhamer'r-rahimin. Sübhane'l-muferrici an külli mahzunin, sübhane'l-muneffisi an külli medyunin, sübhane men ceale hazainehu beyne'l-kafi ve'n-nun, innema emruhu iza erade şey'en yekule lehu kün feyekun, fesübhanellezi biyedihi melekutu külli şey'in ve ileyhi turce'un ve sallallahu ala Muhammedin ve alihi ve sahbihi ecmain."*

## Sıkıntı Geçmezse okunacak dua

اللَّهُمَّ إِنِّي عَبْدُكَ وَابْنُ عَبْدِكَ وَابْنُ أَمَتِكَ وَفِي قَبْضَتِكَ نَاصِيَتِي بِيَدِكَ.
مَاضٍ فِيَّ حُكْمُكَ. عدْلٌ فِيَّ قَضَاؤُكَ. أَسْأَلُكَ بِكُلِّ اِسْمٍ هُوَ لَكَ سَمَّيْتَ
بِهِ نَفْسَكَ أَوْ أَنْزَلْتَهُ فِي كِتَابِكَ أَوْ اسْتَأْثَرْتَ بِهِ فِي مَكْنُونِ الغَيْبِ عِنْدَكَ
أَنْ تَجْعَلَ القُرآنَ رَبِيعَ قَلْبِي وَجَلاءَ هَمِّي وَ غَمِّي.

**Okunuşu:** *"Allahümme inni 'abdüke, vebnü 'abdike, vebnü emetike. Ve fi kabdatike. Nasiyeti bi yedike. Madin fiyye hukmüke. 'Adlün fiyye kadaüke. Es'elüke bi külli ismin hüve leke semmeyte bihi nefseke. Ev enzeltehü fi kitabike. Ev iste'serte bihi fi meknuni'l-ğaybi'ındeke en tec'ale'l-Kur'ane rebi'a kalbi ve celae hemmi ve ğammi."*

**Anlamı:** "Allah'ım! Ben senin kulunum, kulunun oğluyum, senin kudretinin altındayım, varlığım senin elindedir. Hakkımdaki hükmün geçerlidir. Hakkımda verdiğin hüküm adaletlidir. Kendine verdiğin veya kitabında indirdiğin ya da senin katında bulunan gayb hazinesinden seçtiğin isminle Senden Kur'an'ı kalbimin baharı yapmanı, sıkıntı ve kederlerimin giderilmesini dilerim."

# HER TÜRLÜ SIKINTININ UZAKLAŞMASI İÇİN OKUNACAK AYETLER

**1. Ayet**

بِسْمِ اللّٰهِ الرَّحْمنِ الرَّحِيمِ

وَإِلَـهُكُمْ إِلَهٌ وَاحِدٌ لاَّ إِلَهَ إِلاَّ هُوَ الرَّحْمَنُ الرَّحِيمُ. إِنَّ فِي خَلْقِ السَّمَاوَاتِ وَالأَرْضِ وَاخْتِلاَفِ اللَّيْلِ وَالنَّهَارِ وَالْفُلْكِ الَّتِي تَجْرِي فِي الْبَحْرِ بِمَا يَنفَعُ النَّاسَ وَمَا أَنزَلَ اللّهُ مِنَ السَّمَاءِ مِن مَّاءٍ فَأَحْيَا بِهِ الأرْضَ بَعْدَ مَوْتِهَا وَبَثَّ فِيهَا مِن كُلِّ دَآبَّةٍ وَتَصْرِيفِ الرِّيَاحِ وَالسَّحَابِ الْمُسَخِّرِ بَيْنَ السَّمَاءِ وَالأَرْضِ لآيَاتٍ لِّقَوْمٍ يَعْقِلُونَ

**Okunuşu:** ***"Bismillahi'r-Rahmani'r-Rahim.***
***Ve ilahüküm ilahün vahid. La ilahe illa hüve'r-Rahmanü'r-Rahim. İnne fi halkı's-semavati ve'l-ardı vahtilafi'l-leyli ve'n-nehari ve'l-fülki'lleti tecri fi'l-bahri bima yenfe'u'n-nase ve ma enzelellahü mine's-semai minmain feahya bihi'l-arda ba'de mevtiha ve besse fihamin külli dabbetin ve tasrifi'r-riyahi ve's-sahabi'l-müsahhari beyne's-semai ve'l-ardı le-ayatin li-kavmin ya'kılun."***

**Anlamı:** "Rahman Rahim olan Allah'ın adı ile.

Sizin ilahınız bir tek ilahtır. O'ndan başka ilah yoktur. O, Rahman'dır. Rahim'dir. Şüphesiz, göklerin ve yerin yaratılışında, gece ile gündüzün birbiri ardınca gelişinde, insanlara yarar sağlayacak şeylerle denizde seyreden gemilerde, Allah'ın gökyüzünden indirip kendisiyle ölü toprağı dirilttiği yağmurda, yeryüzünde her çeşit canlıyı yaymasında, rüzgarları ve gökle yer arasındaki emre amade bulutları evirip çevirmesinde elbette düşünen bir topluluk için deliller vardır." (Bakara,2/163-164)

## 2. Ayet

بِسْمِ اللّهِ الرَّحْمنِ الرَّحِيمِ

اللّهُ لاَ إِلَـهَ إِلاَّ هُوَ الْحَيُّ الْقَيُّومُ لاَ تَأْخُذُهُ سِنَةٌ وَلاَ نَوْمٌ لَّهُ مَا فِي السَّمَاوَاتِ وَمَا فِي الأَرْضِ مَن ذَا الَّذِي يَشْفَعُ عِنْدَهُ إِلاَّ بِإِذْنِهِ يَعْلَمُ مَا بَيْنَ أَيْدِيهِمْ وَمَا خَلْفَهُمْ وَلاَ يُحِيطُونَ بِشَيْءٍ مِّنْ عِلْمِهِ إِلاَّ بِمَا شَاء وَسِعَ كُرْسِيُّهُ السَّمَاوَاتِ وَالأَرْضَ وَلاَ يَؤُودُهُ حِفْظُهُمَا وَهُوَ الْعَلِيُّ الْعَظِيمُ.

**Okunuşu:** *Bismillahi'r-Rahmani'r-Rahim*
*"Allahü la ilahe illa hüve'l-hayyü'l-kayyum. La te'huzühu sinetün vela nevm. Lehu ma fi's-semavati ve ma fi'l-ard. Men ze'l-lezi yeşfe'u 'ındehu illa bi-iznih. Ya'lemu ma beyne eydihim ve ma halfehüm. Ve la yuhitune bi-şey'in min 'ılmihi illa bi-maşae, vesi'a kürsiyyühü's-semavati ve'l-ard. Ve la yeudühu hifzuhüma ve hüve'l-'aliyyü'l 'azim."*

**Anlamı:** "Rahman Rahim Allah'ın adı ile.

Allah kendisinden başka hiçbir ilah olmayandır. Diridir, kayyumdur(varlığı kendinden, kendi kendine yeterli, yarattıklarına hâkim ve onları koruyup gözetendir). O'nu ne bir uyuklama tutabilir, ne de bir uyku. Göklerdeki her şey, yerdeki her şey O'nundur. İzni olmaksızın O'nun katında şefaatte bulunacak kimdir? O, kulların önlerindekileri ve arkalarındakileri (yaptıklarını ve yapacaklarını) bilir. Onlar O'nun ilminden, kendisinin dilediği kadarından başka bir şey kavrayamazlar. O'nun kürsüsü bütün gökleri ve yeri kaplayıp kuşatmıştır. (O, göklere, yere, bütün evrene hükmetmektedir.) Gökleri ve yeri koruyup-gözetmek O'na güç gelmez. O yücedir, büyüktür." (Bakara, 2/255)

**3. Ayet**

بِسْمِ اللّٰهِ الرَّحْمنِ الرَّحِيمِ
لِلَّهِ مَا فِي السَّمَاوَاتِ وَمَا فِي الأَرْضِ وَإِن تُبْدُواْ مَا فِي أَنفُسِكُمْ أَوْ
تُخْفُوهُ يُحَاسِبْكُم بِهِ اللّهُ فَيَغْفِرُ لِمَن يَشَاء وَيُعَذِّبُ مَن يَشَاء وَاللّهُ عَلَى
كُلِّ شَيْءٍ قَدِيرٌ. آمَنَ الرَّسُولُ بِمَا أُنزِلَ إِلَيْهِ مِن رَّبِّهِ وَالْمُؤْمِنُونَ كُلٌّ آمَنَ
بِاللّهِ وَمَلآئِكَتِهِ وَكُتُبِهِ وَرُسُلِهِ لاَ نُفَرِّقُ بَيْنَ أَحَدٍ مِّن رُّسُلِهِ وَقَالُواْ سَمِعْنَا
وَأَطَعْنَا غُفْرَانَكَ رَبَّنَا وَإِلَيْكَ الْمَصِيرُ. لاَ يُكَلِّفُ اللّهُ نَفْسًا إِلاَّ وُسْعَهَا لَهَا
مَا كَسَبَتْ وَعَلَيْهَا مَا اكْتَسَبَتْ رَبَّنَا لاَ تُؤَاخِذْنَا إِن نَّسِينَا أَوْ أَخْطَأْنَا رَبَّنَا
وَلاَ تَحْمِلْ عَلَيْنَا إِصْرًا كَمَا حَمَلْتَهُ عَلَى الَّذِينَ مِن قَبْلِنَا رَبَّنَا وَلاَ تُحَمِّلْنَا
مَا لاَ طَاقَةَ لَنَا بِهِ وَاعْفُ عَنَّا وَاغْفِرْ لَنَا وَارْحَمْنَآ أَنتَ مَوْلاَنَا فَانصُرْنَا
عَلَى الْقَوْمِ الْكَافِرِينَ.

**Okunuşu:** *Bismillahi'r-Rahmani'r-Rahim*

*"Lillahi ma fi's-semavati vema fi'l-ard. Ve in tübdu ma fi enfüsiküm ev tuhfuhü yühasibküm bihillah. Fe yağfiru limen yeşaü ve yüazzibü men yeşa'. Vallahü ala külli şey'in kadir. Amene'r-rasulü bima ünzile ileyhi min rabbihi ve'l-mü'minun. Küllün amene billahi ve melaiketihi ve kütübihi ve rusülih. La nüferriku beyne ehadin min rusülih. Ve kalu semi'na ve eta'na ğufraneke Rabbena ve ileyke'l-masir. La yükellifullahü nefsen illa vüs'aha. Leha ma kesebet ve 'aleyha mektesebet. Rabbena la tü'ahizna in nesina ev ehta'na. Rabbena vela tahmil 'aleyna isran kema hameltehu 'ale'l-lezine min kablina. Rabbena vela tühammilna ma la takate lena bih. Va'fü'anna. Vağfirlena. Verhamna. Ente Mevlana. Fensurna 'ale'l-kavmi'l-kafirin."*

**Anlamı:** Rahman Rahim Allah'ın adı ile.

"Göklerdeki her şey yerdeki her şey Allah'ındır. İçinizdekini açığa vursanız da, gizleseniz de Allah sizi, onunla sorguya çeker de dilediğini bağışlar, dilediğine azap eder. Allah'ın gücü her şeye hakkıyla yeter. Peygamber, Rabbinden kendisine indirilene iman etti, mü'minler de (iman ettiler). Her biri; Allah'a, meleklerine, kitaplarına ve peygamberlerine iman ettiler ve şöyle dediler: 'O'nun peygamberlerinden hiçbirini (diğerlerinden) ayırt etmeyiz. Yine; 'İşittik ve itaat ettik. Ey Rabbimiz! Senden bağışlama dileriz. Sonunda dönüş yalnız sanadır' dediler. Allah, bir kimseyi ancak gücünün yettiği şeyle yükümlü kılar. Onun kazandığı iyilik kendi yararına, kötülük de kendi zararınadır. (Şöyle diyerek dua ediniz): Ey Rabbimiz! Unutur, ya da yanılırsak bizi sorumlu tutma! Ey Rabbimiz! Bize, bizden öncekilere yüklediğin gibi ağır yük yükleme. Ey Rabbimiz! Bize gücümüzün yetmediği şeyleri yükleme! Bizi affet. Bizi bağışla. Bize acı! Sen bizim Mevlamızsın. Kâfirler topluluğuna karşı bize yardım et." (Bakara, 2/284-286)

**4. Ayet**

بِسْمِ اللّٰهِ الرَّحْمٰنِ الرَّحِيمِ

شَهِدَ اللّٰهُ أَنَّهُ لاَ إِلٰـهَ إِلاَّ هُوَ وَالْمَلاَئِكَةُ وَأُولُواْ الْعِلْمِ قَآئِمَاً بِالْقِسْطِ لاَ إِلٰـهَ إِلاَّ هُوَ الْعَزِيزُ الْحَكِيمُ.

**Okunuşu:** ***Bismillahi'r-Rahmani'r-Rahim***
***"Şehida'llahü ennehü la ilahe illa hüve ve'l-melaiketü ve ulü'l-ılmi kaimen bi'l-kıst.La ilahe illa hüve'l-azizü'l-hakim."***

**Anlamı:** Rahman Rahim Allah'ın adı ile.

"Allah melekler ve ilim sahipleri, O'ndan başka ilah olmadığına adaletle şahitlik etti. O'ndan başka ilah yoktur. O,mutlak güç sahibidir, hüküm ve hikmet sahibidir." (Al-i İmran, 3/18)

**5. Ayet**

بِسْمِ اللّٰهِ الرَحْمٰنِ الرَحِيم

إِنَّ رَبَّكُمُ اللّٰهُ الَّذِي خَلَقَ السَّمَاوَاتِ وَالأَرْضَ فِي سِتَّةِ أَيَّامٍ ثُمَّ اسْتَوَى
عَلَى الْعَرْشِ يُغْشِي اللَّيْلَ النَّهَارَ يَطْلُبُهُ حَثِيثًا وَالشَّمْسَ وَالْقَمَرَ وَالنُّجُومَ
مُسَخَّرَاتٍ بِأَمْرِهِ أَلاَ لَهُ الْخَلْقُ وَالأَمْرُ تَبَارَكَ اللّٰهُ رَبُّ الْعَالَمِينَ.

**Okunuşu:** ***Bismillahi'r-Rahmani'r-Rahim***
***"İnne rabbekümü'llahüllezi haleka's-semavati ve'l-arda fi sitteti eyyamin sümme'steva ale'l-arşi yüğşi'l-leyle'n-nehara yatlübühü hasisen ve'ş-şemse ve'l-kamera ve'n-nücume müsehharatin bi emrih.Ela lehü'l-halku ve'l-emru. Tebareka'llahü rabbü'l-alemin."***

**Anlamı:** Rahman Rahim Allah'ın adı ile.

Şüphesiz sizin Rabbiniz, gökleri ve yeri altı gün içinde(altı evrede) yaratan ve arş üzerine (sınırsız kuvvet ve iktidar makamına)istiva eden (kurulan), geceyi, kendisini durmadan takip eden gündüze katan, güneşi, ayı ve bütün yıldızları da buyruğuna tabi olarak yaratan Allah'tır. Dikkat edin,yaratmak da, emretmekte yalnız o'na mahsustur. Alemlerin Rabbi olan Allah'ın şanı yücedir."(A'raf,7/54)

**6. Ayet**

بِسْمِ اللّٰهِ الرَحْمٰنِ الرَحِيم

سَبَّحَ لِلّٰهِ مَا فِي السَّمَاوَاتِ وَمَا فِي الأَرْضِ وَهُوَ الْعَزِيزُ الْحَكِيمُ. يَا أَيُّهَا
الَّذِينَ آمَنُوا لِمَ تَقُولُونَ مَا لاَ تَفْعَلُونَ. كَبُرَ مَقْتًا عِندَ اللّٰهِ أَن تَقُولُوا مَا
لاَ تَفْعَلُونَ. إِنَّ اللّٰهَ يُحِبُّ الَّذِينَ يُقَاتِلُونَ فِي سَبِيلِهِ صَفًّا كَأَنَّهُم بُنيَانٌ
مَّرْصُوصٌ. وَإِذْ قَالَ مُوسَى لِقَوْمِهِ يَا قَوْمِ لِمَ تُؤْذُونَنِي وَقَد تَّعْلَمُونَ أَنِّي

رَسُولُ اللَّهِ إِلَيْكُمْ فَلَمَّا زَاغُوا أَزَاغَ اللَّهُ قُلُوبَهُمْ وَاللَّهُ لَا يَهْدِي الْقَوْمَ
الْفَاسِقِينَ. وَإِذْ قَالَ عِيسَى ابْنُ مَرْيَمَ يَا بَنِي إِسْرَائِيلَ إِنِّي رَسُولُ اللَّهِ إِلَيْكُم
مُّصَدِّقًا لِّمَا بَيْنَ يَدَيَّ مِنَ التَّوْرَاةِ وَمُبَشِّرًا بِرَسُولٍ يَأْتِي مِن بَعْدِي اسْمُهُ أَحْمَدُ
فَلَمَّا جَاءَهُم بِالْبَيِّنَاتِ قَالُوا هَذَا سِحْرٌ مُّبِينٌ. وَمَنْ أَظْلَمُ مِمَّنِ افْتَرَى عَلَى
اللَّهِ الْكَذِبَ وَهُوَ يُدْعَى إِلَى الْإِسْلَامِ وَاللَّهُ لَا يَهْدِي الْقَوْمَ الظَّالِمِينَ.

هُوَ الَّذِي أَرْسَلَ رَسُولَهُ بِالْهُدَى وَدِينِ الْحَقِّ لِيُظْهِرَهُ عَلَى الدِّينِ كُلِّهِ وَلَوْ
كَرِهَ الْمُشْرِكُونَ. يُرِيدُونَ لِيُطْفِئُوا نُورَ اللَّهِ بِأَفْوَاهِهِمْ وَاللَّهُ مُتِمُّ نُورِهِ وَلَوْ كَرِهَ
الْكَافِرُونَ. هُوَ الَّذِي أَرْسَلَ رَسُولَهُ بِالْهُدَى وَدِينِ الْحَقِّ لِيُظْهِرَهُ عَلَى الدِّينِ
كُلِّهِ وَلَوْ كَرِهَ الْمُشْرِكُونَ. يَا أَيُّهَا الَّذِينَ آمَنُوا هَلْ أَدُلُّكُمْ عَلَى تِجَارَةٍ
تُنجِيكُم مِّنْ عَذَابٍ أَلِيمٍ.

**Okunuşu:** *Bismillahi'r-Rahmani'r-Rahim*

*"Sebbaha lillahi ma fi's-semavati vema fi'l-ard.Ve hüve'l-azizü'l hakim.Ya eyyühe'llezine amenü lime tekulune ma la tef'alun.Kebüra makten 'ındallahi en tekulu ma la tef'alun. İnnellahe yühibbü'l-lezine yükatilune fi sebilihi saffen keennehüm bünyanün mersus. Ve iz kale musa li kavmihi ya kavmi lime tü'züneni ve kad ta'lemune enni rasulüllahi ileyküm. Felemma zağu ezağallahu kulubehüm. Vallahü la yehdi'l-kavme'l-fasikin.Ve iz kale isebnü meryeme ya beni İsraile inni rasulüllahi ileyküm müsaddikan lima beyne yedeyye mine't-tevrati ve mübeşşiran bi-rasulin ye'ti min ba'dismühü Ahmed.Felemma caehüm bi'l-beyyinati kalu haza sihrun mübin.Ve men azlemü mimmeni'ftera 'ale'l-lahi'l-kezibe ve hüve yüd'a ile'l-islam.Vallahü la yehdi'l-kavme'z-zalimin.Yüridune li yütfiu nurullahi bi efvahihim vallahü mütimmü nurihi velev kerihe'l-kafirun.Hüvellezi ersele rasulehu bi'l-huda ve dini'l hakkı li yüzhirahu 'ale'd-dini*

***küllihi velev kerihe'l-müşrikun.Ya eyyühellezine amenu hel edüllüküm 'ala ticaretin tüncikum min 'azabin elim."***

**Anlamı:** Rahman Rahim Allah'ın adı ile.

"Göklerdeki her şey, yerdeki her şey Allah'ı tespih eder (yüceltir.)O, mutlak güç sahibidir, hüküm ve hikmet sahibidir. Ey iman edenler! Yapmayacağınız şeyleri niçin söylüyorsunuz? Yapmayacağınız şeyleri söylemeniz, Allah katında büyük bir gazaba sebeptir. Hiç şüphe yokki Allah kendi yolunda, duvarları birbirine kenetlemiş bir bina gibi saf bağlayarak çarpışanları sever. Hani Musa kavmine, 'Ey kavmim! Allah'ın size gönderdiği peygamberi olduğumu bilip durduğunuz halde niçin bana eziyet ediyorsunuz?' demişti. Onlar yoldan sapınca Allah da kalplerini (doğru yoldan) saptırdı. Allah, fasıklar topluluğunu hidayete erdirmez. Hani, Meryemoğlu İsa,'Ey İsrailoğulları! Şüphesiz ben, Allah'ın size, benden önce gelen Tevrat'ı doğrulayıcı ve benden sonra gelecek, Ahmed adında bir peygamberi müjdeleyici (olarak gönderdiği) peygamberiyim',demişti. Fakat (İsa) onlara apacık mucizeleri getirince,'Bu, apacık bir sihirdir,' dediler. Kim İslam'a davet olunduğu halde Allah'a karşı yalan uydurandan daha zalimdir? Allah, zalimler topluluğunu hidayete erdirmez. Onlar ağızlarıyla Allah'ın nurunu söndürmek istiyorlar.Halbuki kafirler istemeselerde Allah nurunu tamamlayacaktır. O, kendisine ortak koşanlar hoşlanmasa da, dinini bütün dinlere üstün kılmak için peygamberini hidayet ve hak din ile gönderendir. Ey iman edenler! Sizi elem dolu bir azaptan kurtaracak bir ticaret gösteriyim mi size?"(Saff,61/1-10)

**7. Ayet**

بِسْمِ اللّٰه الرَحْمنِ الرَحِيم

هُوَ اللَّهُ الَّذِي لاَ إِلَهَ إِلاَّ هُوَ عَالِمُ الْغَيْبِ وَالشَّهَادَةِ هُوَ الرَّحْمَنُ الرَّحِيمُ .

هُوَ اللَّهُ الَّذِي لاَ إِلَهَ إِلاَّ هُوَ الْمَلِكُ الْقُدُّوسُ السَّلاَمُ الْمُؤْمِنُ الْمُهَيْمِنُ الْعَزِيزُ

الْجَبَّارُ الْمُتَكَبِّرُ سُبْحَانَ اللَّهِ عَمَّا يُشْرِكُونَ. هُوَ اللَّهُ الْخَالِقُ الْبَارِئُ الْمُصَوِّرُ لَهُ
الْأَسْمَاءُ الْحُسْنَى يُسَبِّحُ لَهُ مَا فِي السَّمَاوَاتِ وَالْأَرْضِ وَهُوَ الْعَزِيزُ الْحَكِيمُ.

**Okunuşu:** ***Bismillahi'r-Rahmani'r-Rahim***
***,"Hüvallahüllezi la ilahe illa hu.'Alimü'l-ğaybi ve'ş-şehadeh.Hüve'r-rahmanü'r-rahim.Hüvallahüllezi la ilahe illa hu.El-melikü'l-Kuddusü's-Selamü'l-mü'minü'l-müheyminü'l-'azizü'l-cebbaru'l-mütekebbir.Sübhanellahi 'amma yüşrikun.Hüvallahü'l-haliku'l-bariü'l-müsavviru lehü'l-esmaü'l-hüsna.Yüsebbihu lehü ma fi's-semavati ve'l-ard.Ve hüve'l-'azizü'l-hakim."***

**Anlamı:** Rahman Rahim Allah'ın adı ile.

"O, kendisinden başka hiçbir ilah olmayan Allah'tır. Gaybı da, insan kavrayışına giren alemi de bilendir. O, Rahman'dır, Rahim'dir. O, kendisinden başka hiçbir ilah bulunmayan Allah'tır. O, mülkün gerçek sahibi, kutsal (her türlü eksiklikten uzak), barış ve esenliğin kaynağı, güvenlik ve iman veren,gözetip koruyan, mutlak güç sahibi,düzeltip ıslah eden ve dilediğini yaptıran, büyüklükte eşsiz olan Allah'tır. Allah, onların ortak koştuklarından uzaktır. O, Allah'tır, yaratandır, yoktan var edendir, şekil verendir. Güzel isimler O' nundur. göklerdeki ve yerdeki her şey O'nu tesbih eder (yüceltir). O, mutlak güç sahibidir, hüküm ve hikmet sahibidir."(Haşr,59/22-24)

**8. Ayet**

بِسْمِ اللَّهِ الرَّحْمنِ الرَّحِيمِ
قُلْ هُوَ اللَّهُ أَحَدٌ. اللَّهُ الصَّمَدُ. لَمْ يَلِدْ وَلَمْ يُولَدْ. وَلَمْ يَكُن لَّهُ كُفُواً أَحَدٌ.

**Okunuşu:** ***Bismillahi'r-Rahmani'r-Rahim***
***"Kul hüvallahü ehad.Allahü's-samed.lem yelid.Velem yuled. Velem yekün lehu küfüven ehad."***

**Anlamı:** Rahman Rahim Allah'ın adı ile.
"De ki: O,Allah'tır, bir tektir. Allah Samed'dir. (Her şey O'na muhtaçdır; O,hiçbir şeye muhtaç değildir.) O'ndan çocuk olmamıştır. Kendiside doğmamıştır. (kimsenin çocuğu değildir). Hiç bir şey O'na denk ve benzer değildir."(İhlas, 112/1-4)

**9. Ayet**

بِسْمِ اللّٰهِ الرَحْمنِ الرَحِيم

قُلْ أَعُوذُ بِرَبِّ الْفَلَقِ. مِن شَرِّ مَا خَلَقَ. وَمِن شَرِّ غَاسِقٍ إِذَا وَقَبَ. وَمِن شَرِّ النَّفَّاثَاتِ فِي الْعُقَدِ. وَمِن شَرِّ حَاسِدٍ إِذَا حَسَدَ.

**Okunuşu:** *Bismillahi'r-Rahmani'r-Rahim*
***"Kul e'uzü birabbi'l-felak.Min şerri ma halak.Ve min şerri ğasikın iza vekab.Ve min şerri'n-neffasati fi'l-'ukad.Ve min şerri hasidin iza hased."***

**Anlamı:** Rahman Rahim Allah'ın adı ile.
"De ki: Yarattığı şeylerin kötülüğünden,karanlığı çöktüğü zaman gecenin kötülüğünden,düğümlere üfleyenlerin kötülüğünden,hasetettiğizamanhasetçininkötülüğünden,sabah aydınlığının Rabbine sığınırım." (Felak, 113/1-5)

**10. Ayet**

بِسْمِ اللّٰهِ الرَحْمنِ الرَحِيم

قُلْ أَعُوذُ بِرَبِّ النَّاسِ. مَلِكِ النَّاسِ. إِلَهِ النَّاسِ. مِن شَرِّ الْوَسْوَاسِ الْخَنَّاسِ. الَّذِي يُوَسْوِسُ فِي صُدُورِ النَّاسِ. مِنَ الْجِنَّةِ وَ النَّاسِ.

**Okunuşu:** *Bismillahi'r-Rahmani'r-Rahim*
***"Kul euzü birabbi'n-nas.Meliki'n-nas.İlahi'n-nas.Min şerri'l-vesvasi'l-hannas.Ellezi yüvesvisü fisuduri'n-nas. Mine'l-cinneti ve'n-nas."***

**Anlamı:** Rahman ve Rahim olan Allah'ın adıyla
"De ki: Cinlerden ve insanlardan olup,insanların kalplerine vesvese veren sinsi vesvesecinin kötülüğünden,insanların Rabbine, insanların Melik'ine, insanların İlah'ına sığınırım." (Nas,114/1-6)

## Her Sıkıntıyı gideren Yedi Ayet-i Kerime

**1.Ayet:**

بِسْمِ اللّٰهِ الرَّحْمنِ الرَّحِيم
قُل لَّن يُصِيبَنَا إِلاَّ مَا كَتَبَ اللّٰهُ لَنَا هُوَ مَوْلاَنَا وَعَلَى اللّٰهِ فَلْيَتَوَكَّلِ الْمُؤْمِنُونَ

**Okunuşu:** *Bismillahi'r-Rahmani'r-Rahim.*
*"Kul ley yusibena illa ma keteballahu lena, hüve Mevlana ve alallahi fel-yetevekkeli'l-mü'minun."*
**Anlamı:** Rahman ve Rahim olan Allah'ın adıyla.
De ki: Bize hiçbir zaman Allah'ın yazdığından başka bir şey ulaşmaz. O, bizim Mevlamızdır ve mü'minler onun için yalnız Allah'a dayanıp güvensinler!" (Tevbe, 51)

**2.Ayet:**

بِسْمِ اللّٰهِ الرَّحْمنِ الرَّحِيم
وَإِن يَمْسَسْكَ اللّٰهُ بِضُرٍّ فَلاَ كَاشِفَ لَهُ إِلاَّ هُوَ وَإِن يُرِدْكَ بِخَيْرٍ فَلاَ رَآدَّ لِفَضْلِهِ يُصِيبُ بِهِ مَن يَشَاءُ مِنْ عِبَادِهِ وَهُوَ الْغَفُورُ الرَّحِيمُ.

**Okunuşu:** *Bismillahi'r-Rahmani'r-Rahim*
*Ve iy yemseskellahu bi durrin fela kaşife lehu illa hu ve iy yuridke bi hayrin fela radde li fadlih, yüsibü bihi mey yeşau min ıbadih, ve hüve'l-ğafuru'r-rahim.*
**Anlamı:** Rahman ve Rahim olan Allah'ın adıyla
Ve eğer Allah sana bir keder dokunduracak olursa, onu O'ndan

başka açacak yoktur; ve eğer O, sana bir hayır dilerse, o zaman da O'nun lütfunu reddedecek yoktur.O, lütfunu kullarından dilediğine nasib eder. O, çok bağışlayan, çok merhamet edendir.( Yunus,107)

**3. Ayet:**

بِسْمِ اللّٰهِ الرَّحْمٰنِ الرَّحِيمِ

إِنِّي تَوَكَّلْتُ عَلَى اللّٰهِ رَبِّي وَرَبِّكُم مَّا مِن دَآبَّةٍ إِلاَّ هُوَ آخِذٌ بِنَاصِيَتِهَا إِنَّ رَبِّي عَلَى صِرَاطٍ مُّسْتَقِيمٍ.

**Okunuşu:** ***Bismillahi'r-Rahmani'r-Rahim.***

***"İnni tevekkeltü alallahi rabbi ve rabbiküm, mâ min dabbetin illa hüve ahizüm bi nasıyatiha, inne rabbi ala sıratım müstekim."***

**Anlamı:** Rahman ve Rahim olan Allah'ın adıyla.

"Her halde hem benim Rabbim, hem sizin Rabbiniz olan Allah'a (güvenip) dayanmışım. Hiç (bir) yerde bir debelenen (canlı) yoktur ki perçemini O tutmuş olmasın! Şüphe yok ki Rabbim doğru bir yol üzerindedir." (Hud, 56)

**4.Ayet:**

بِسْمِ اللّٰهِ الرَّحْمٰنِ الرَّحِيمِ

وَكَأَيِّن مِن دَابَّةٍ لاَ تَحْمِلُ رِزْقَهَا اللَّهُ يَرْزُقُهَا وَإِيَّاكُمْ وَهُوَ السَّمِيعُ الْعَلِيمُ.

**Okunuşu:** ***Bismillahi'r-Rahmani'r-Rahim.***

***"Ve ke eyyim min dabbetil la tahmilu rizkaha, Allahu yerzukuha ve iyyaküm ve hüve's-semiu'l-âlim."***

**Anlamı:** Rahman ve Rahim olan Allah'ın adıyla.

"Nice hayvanlar var ki, rızkını (yanında) taşıyamaz; Allah onlara da rızık veriyor, size de! O her şeyi işitendir, bilendir." (Ankebut, 60)

**5. Ayet:**

بِسْمِ اللّٰهِ الرَّحْمٰنِ الرَّحِيم

مَا يَفْتَحِ اللَّهُ لِلنَّاسِ مِن رَّحْمَةٍ فَلاَ مُمْسِكَ لَهَا وَمَا يُمْسِكْ فَلاَ مُرْسِلَ لَهُ

مِن بَعْدِهِ وَهُوَ الْعَزِيزُ الْحَكِيمُ.

**Okunuşu:** *Bismillahi'r-Rahmani'r-Rahim.*
***"Ma yeftehıllahü linnasi mir rahmetin fela mümsike leha, ve ma yümsik fe la mursile lehu mim ba'dih, ve hüve'l-azizü'l-hâkim."***

**Anlamı:** Rahman ve Rahim olan Allah'ın adıyla.
"Allah insanlara rahmetinden her neyi açarsa artık onu tutacak, kısacak kimse yoktur. Her neyi de tutar kısarsa onu da ondan sonra salacak yoktur. O, öyle güçlüdür, öyle hikmet sahibidir." (Fatır, 2)

**6. Ayet:**

بِسْمِ اللّٰهِ الرَّحْمٰنِ الرَّحِيم

وَلَئِن سَأَلْتَهُم مَّنْ خَلَقَ السَّمَاوَاتِ وَالأَرْضَ لَيَقُولُنَّ اللَّهُ قُلْ أَفَرَأَيْتُم مَّا

تَدْعُونَ مِن دُونِ اللَّهِ إِنْ أَرَادَنِيَ اللَّهُ بِضُرٍّ هَلْ هُنَّ كَاشِفَاتُ ضُرِّهِ أَوْ أَرَادَنِي

بِرَحْمَةٍ هَلْ هُنَّ مُمْسِكَاتُ رَحْمَتِهِ قُلْ حَسْبِيَ اللَّهُ عَلَيْهِ يَتَوَكَّلُ الْمُتَوَكِّلُونَ.

**Okunuşu:** *Bismillahi'r-Rahmani'r-Rahim.*
***"Ve lein seeltehüm men haleka's-semavati ve'l-arda le yekulünnallah, kul eferaeytüm ma ted'une min dunillahi in eradeniyallahu bi durrin hel hünne kaşifatü durrihi ev eradeni bi rahmetin hel hünne mümsikatü rahmetih, kul hasbiyallahu aleyhi yetevekkeli'l-mütevekkilun."***

**Anlamı:** Rahman ve Rahim olan Allah'ın adıyla.
"Andoldun ki, onlara: 'O gökleri ve yeri kim yarattı?' diye sorsan kesinlikle 'Allah'tır' diyeceklerdir. De ki: 'Gördünüz ya, Allah'tan

başka çağırdıklarınızı, eğer Allah bana bir keder dilerse, onlar O'nun vereceği kederi açabilirler mi? Ya da O, bana bir rahmet dilerse onlar O'nun rahmetini (engelleyip) tutabilirler mi?' De ki: Allah bana yeter! Tevekkül edenler hep ona dayanır!" (Zümer, 38)

**7. Ayet:**

بِسْمِ اللّٰهِ الرَّحْمنِ الرَّحِيمِ

فَإِن تَوَلَّوْاْ فَقُلْ حَسْبِيَ اللّهُ لا إِلَـهَ إِلاَّ هُوَ عَلَيْهِ تَوَكَّلْتُ وَهُوَ رَبُّ الْعَرْشِ الْعَظِيمِ.

**Okunuşu:** ***Bismillahi'r-Rahmani'r-Rahim.***

***"Fe in tevellev fe kul hasbiyallahu la ilahe illa hu, aleyhi tevekkeltü ve hüve rabbü'l-arşi'l-azim"***

**Anlamı:** Rahman ve Rahim olan Allah'ın adıyla.

"Eğer aldırmazlarsa de ki: "Bana Allah yeter! O'ndan başka ilah yoktur. Ben O'na dayanmaktayım ve O, o büyük arşın sahibidir!" (Tevbe, 129)

## ÜZÜNTÜLÜ DURUMLARDA OKUNACAK DUA

اللَّهُمَّ إِنِّي عَبْدُكَ وَابْنُ عَبْدِكَ وَابْنُ أَمَتِكَ نَاصِيَتِي بِيَدِكَ مَاضٍ فِيَّ حُكْمُكَ عَدْلٌ فِيَّ قَضَائُكَ. أَسْأَلُكَ بِكُلِّ اسْمٍ هُوَ لَكَ سَمَّيْتَ بِهِ نَفْسَكَ أَوْ أَنْزَلْتَهُ فِي كِتَابِكَ أَوْ عَلَّمْتَهُ أَحَداً مِنْ خَلْقِكَ أَوْ اسْتَأْثَرْتَ بِهِ فِي عِلْمِ الْغَيْبِ عِنْدَكَ أَنْ تَجْعَلَ الْقُرآنَ رَبِيعَ قَلْبِي وَنُورَ صَدْرِي وَجَلاءَ غَمِّي وَ ذَهَابَ حُزْنِي وَ هَمِّي.

**Okunuşu:** ***"Allahümme inni abdüke vebnü abdike vebnü emetike nasiyeti bi yedike madın fi hükmüke adlün fi kadaüke es'elüke bi külli'smin hüve leke semmeyte bihi nefseke ev enzeltehü fi kitabike ev allemtehu ehaden min halkıke***

***eviste'serte bihi fi ılmi'l-ğaybi indeke en tec'ale'l-Kur'ane rabia kalbi ve nura sadri ve celae ğammi ve zehabe huzni ve hemmi."***

**Anlamı:** "Allah'ım! Ben Senin kulunum, kulunun oğluyum, hanım kulunun oğluyum, perçemim elinde, hükmün hakkımda geçerli, hakkımdaki kazan bir adalettir, zatına isim olarak seçtiğin veya kitabında indirdiğin veya mahlukatından herhangi bir kimseye öğrettiğin veya gayb ilminde kendi zatına tahsis ettiğin bütün isimlerinle senden Kur'an'ı gönlümün ilkbaharı, göğsümün nuru, tasamın cilası, kederimin ve hüznümün gidericisi yapmanı istiyorum." (İmam-ı Ahmed)

**Dua ile ilgili bilgi:** Peygamber Efendimiz (s.a.v.) bu dua ile ilgili olarak şunları söylemiştir;

Birisi hüzünlendiğinde bunları söylerse hiç kuşku yok, Allah üzüntüsünü gidererek üzüntüsünü sevince dönüştürür.

Ya Rasullallah biz öğrenmeyelim mi? denilince,

Bunu duyanın öğrenmesi gerekir, diye buyurur.

## GÜÇ DURUMLARDA OKUNACAK DUA

حَسْبُنَا اللّٰهُ وَ نِعْمَ الْوَكِيلُ.

**Okunuşu:** *"Hasbünallahu ve ni'me'l-Vekil."*

**Anlamı:** "Allahu Teala bize yeterli bir yardımcı ve en büyük bir destektir.

### Nazar Değmesine Karşı okunacak dualar

**1. Dua**

أُعِيذُكُمَا بِكَلِمَاتِ اللّٰهِ التَّامَّةِ مِنْ كُلِّ شَيْطَانٍ وَهَامَّةٍ وَ مِنْ كُلِّ عَيْنٍ لَامَّةٍ.

**Okunuşu:** *"Ü,izüküma bi kelimatillahi't-tammeti min külli şeytanin ve hammetin ve min külli 'aynin lammetin."*

**Anlamı:** "Sizi her türlü şeytan ve zehirli hayvanlardan ve bütün kem gözlerden Allah'ın eksiksiz kelimelerine ısmarlarım." (İbn Mace, Tıbb, 36; İbn Hıbban, Ed'ıye, No:1012–1013)

**2. Dua**

اللّٰهُمَّ بَارِكْ فِيهِ وَلاَ تَضُرَّهُ

**Okunuşu:** ***"Allahümme barik fihi vela tedurrahu."***

**Anlamı:** "Allah'ım! Onu mübarek eyle ve ona zarar verme." (Elbani, I, 986, No: 9858)

**3. Dua**

مَا شَاءَ اللّٰهُ لاَ قُوَّةَ إِلاَّ بِاللّٰهِ لَمْ يَضُرَّهُ.

**Okunuşu:** ***"Maşaallahü la kuvvete illa billahi lem yedurrahu."***

**Anlamı:** "(Allah'ın dediği olur. O' ndan başka kuvvet ve kudret sahibi yoktur) derse, ona hiçbir şey zarar vermez." (Beyhaki, Şuabü'l-İman, IV, 90, No: 4370)

## ÖFKELENİNCE OKUNACAK DUA

اللّٰهُمَّ اغْفِرْلِي ذَنْبِي وَاَذْهِبْ غَيْظَ قَلْبِي وَاَجِرْنِي مِنْ مُضِلاَّتِ الْفِتَنِ.

**Okunuşu:** ***"Allahümme'ğfirli zenbi ve ezhib ğayza kalbi ve ecirni min mudıllati'l-fiten."***

**Anlamı:** "Allah'ım! Günahımı bağışla, kalbimdeki öfkeyi dindir ve beni fitnecilerin saptırmasından koru, diye dua et" buyurdu. (Taberani, el-Muce'mül-Kebir, XXIII, 338, No: 785)

# ZORLUKLARLA KARŞILAŞINCA OKUNACAK DUALAR

اللَّهُمَّ لاَ سَهْلَ إِلاَّ مَا جَعَلْتَهُ سَهْلاً. وَ أَنْتَ تَجْعَلُ الْحُزْنَ إِذَا شِئْتَ سَهْلاً.

**Okunuşu:** *"Allahümme la sehle illa ma ce'altehu sehlen. Ve ente tec'alu'l-hüzne iza şi'te sehlen."*

**Anlamı:** "Allah'ım! Senin kolaylaştırdığından başka kolay yoktur. Ancak sen istersen zoru kolaylaştırırsın." (İbn Hibban, Dua, III, 255, No:974)

### Zor bir işe giriştiğinde (yarıştığında) okunacak dua

اللَّهُمَّ أَنْتَ عَضُدِي وَ أَنْتَ نَاصِرِي.

**Okunuşu:** *Allahümme ente adedi ve ente nasiri*

**Anlamı:** Allah'ım pazuma güç kuvvet ver. Yardımcım sensin, gücüm sensin

# DOĞUM ÖNCESİNDE VE SONRASINDA OKUNACAK DUALAR

**1. Dua**

بِسْمِ اللهِ الرَّحْمنِ الرَّحِيم

اللّهُ لاَ إِلَـهَ إِلاَّ هُوَ الْحَيُّ الْقَيُّومُ لاَ تَأْخُذُهُ سِنَةٌ وَلاَ نَوْمٌ لَّهُ مَا فِي السَّمَاوَاتِ وَمَا فِي الأَرْضِ مَن ذَا الَّذِي يَشْفَعُ عِنْدَهُ إِلاَّ بِإِذْنِهِ يَعْلَمُ مَا بَيْنَ أَيْدِيهِمْ وَمَا خَلْفَهُمْ وَلاَ يُحِيطُونَ بِشَيْءٍ مِّنْ عِلْمِهِ إِلاَّ بِمَا شَاء وَسِعَ كُرْسِيُّهُ السَّمَاوَاتِ وَالأَرْضَ وَلاَ يَؤُودُهُ حِفْظُهُمَا وَهُوَ الْعَلِيُّ الْعَظِيمُ.

**Okunuşu:** *Bismillahi'r-Rahmani'r-Rahim.*

*"Allahü la ilahe illa huve'l-hayyu'l-kayyum. La te 'huzühu sinetün vela nevm. Lehu ma fi's-semavati vema fi'l-ard. Men ze'l-lezi yeşfe'u 'ındehu illa bi iznih. Ya'lemü ma beyne eydihimvema halfehüm. Vela yühitune bişeyin min 'ılmihi illa bima şae. Vesi'a kürsiyyühü's-semavati ve'l-ard. Vela yeudühü hıfzuhüma ve (hüve'l-'aliyyü'l-'azim."*

**Anlamı:** Rahman ve Rahim olan Allah'ın adıyla.

"Allah, kendisinden başka hiçbir ilah olmayandır. Diridir, kayyumdur (varlığı kendinden, kendi kendine yeterli, yarattıklarına hâkim ve onları koruyup gözetendir). O'nu ne bir uyuklama tutabilir, ne de bir uyku. Göklerdeki her şey; yerdeki her şey o'nundur. İzni olmaksızın o'nun katında şefaatte bulunacak kimdir? O, kulların önlerindekileri ve arkalarındakileri (yaptıklarını ve yapacaklarını) bilir. Onlar o'nun ilminden, kendisinin dilediği kadarından başka bir şey kavrayamazlar. O'nun kürsüsü bütün gökleri ve yeri kaplayıp kuşatmıştır. (O, göklere, yere, bütün evrene hükmetmektedir.) Gökleri ve yeri koruyup-gözetmek O'na güç gelmez. O, yücedir, büyüktür." (Bakara,2/255)

**Dua ile ilgili bilgi:** Peygamberimiz (s.a.v), kızı Hz. Fatıma (r.a) 'nın doğum sancısı başladığında Ümmü Seleme ile Zeynep binti Cahş'a, Fatıma'nın yanına gitmelerini ve ayete'l-kürsi'yi, A'raf suresinin 54. ayetini ve Muavvizeteyni (Felak-Nas surelerini) okumalarını söylemiştir. (İbn Sünni, s.232,no:625)

**2. Dua**

بسْمِ اللّٰهِ الرَّحْمٰنِ الرَّحِيم

قُلْ أَعُوذُ بِرَبِّ الْفَلَقِ. مِن شَرِّ مَا خَلَقَ. وَمِن شَرِّ غَاسِقٍ إِذَا وَقَبَ. وَمِن شَرِّ النَّفَّاثَاتِ فِي الْعُقَدِ. وَمِن شَرِّ حَاسِدٍ إِذَا حَسَدَ.

**Okunuşu:** ***Bismillahi'r-Rahmani'r-Rahim.***
***"Kul eu'zü birabbi'l-felak. Min şerri ma halak. Ve min şerri ğasikin iza vekab. Ve min şerri'n-neffasati fi'l –ukad. Ve min şerri hasidin iza hased."***

**Anlamı:** Rahman ve Rahim olan Allah'ın adıyla.

"De ki: yarattığı şeylerin kötülüğünden, karanlığı çöktüğü zaman gecenin kötülüğünden, düğümlere üfleyenlerin kötülüğünden, haset ettiği zaman hasetçinin kötülüğünden, sabah aydınlığının Rabbine sığınırım." (Felak, 113/1–5)

**3. Dua**

بِسْمِ اللّٰهِ الرَّحْمٰنِ الرَّحِيمِ
قُلْ أَعُوذُ بِرَبِّ النَّاسِ. مَلِكِ النَّاسِ. إِلَهِ النَّاسِ. مِن شَرِّ الْوَسْوَاسِ الْخَنَّاسِ.
الَّذِي يُوَسْوِسُ فِي صُدُورِ النَّاسِ. مِنَ الْجِنَّةِ وَ النَّاسِ.

**Okunuşu:** ***Bismillahi'r-Rahmani'r-Rahim.***
***"Kul euzü birabbi'n-nas. Meliki'n-nas. İlahi'n-nas. Min şerri'l-vesvasi'l-ha'n-nas.Ellezi yüvesvisü fisuduri'n-nas. Mine'l-cinneti ve'n-nas.***

**Anlamı:** Rahman ve Rahim olan Allah'ın adıyla.

"De ki: Cinlerden ve insanlardan olup,insanların kalplerine vesvese veren sinsi vesvesecinin kötülüğünden, insanların Rabbine, insanların Melik'ine, insanların İlah'ına sığınırım."(Nas,114/1-6)

## HERHANGİ BİR İŞTE BAŞARI VE SEBAT DUALARI

**1. Dua**

اللَّهُمَّ إِنِّي أَسْأَلُكَ الثَّبَاتَ فِي الأَمْرِ وَ العَظِيمَةَ عَلَى الرُّشْدِ. وَأَسْأَلُكَ
شُكْرَ نِعْمَتِكَ وَ حُسْنَ عِبَادَتِكَ. وَأَسْأَلُكَ لِسَاناً صَادِقاً وَقَلْباً سَالِماً وَأَعُوذُ

بِكَ مِنْ شَرِّ مَا تَعْلَمُ وَ أَسْأَلُكَ مِنْ خَيْرِ مَا تَعْلَمُ. وَ وَأَسْتَغْفِرُكَ مِمَّا تَعْلَمُ.

**Okunuşu:** ***"Allahümme inni es'elüke's-sebate fi'l-emri ve'l-azimete 'ale'r-ruşdi. Ve es'elüke şükra ni'metike ve husne 'ıbadetike.Ve es'elüke lisanen sadikan ve kalben selimen. Ve e'uzü bike min şerri ma ta'lemü.Ve es'elüke min Hayri ma ta'lemü.Ve estağfiruke mimma ta'lemü."***

**Anlamı:** "Allah'ım! Senden işte (dinde) sebat etmeyi ve doğruluğa azmetmeyi istiyorum. Nimetine şükretmeyi ve sana güzel bir şekilde ibadet edebilmeyi istiyorum. Doğruyu konuşan bir dil ve eğriliklerden uzak bir kalp diliyorum. Allah'ım! Senin bildiğin her çeşit şerden sana sığınıyorum. Bildiğin bütün hayırları senden istiyorum. Bildiğin günahlarımdan dolayı senden bağış diliyorum."(Tirmizi,De'avat,22)

Bir iş göreve başlarken "Rabbi yessir ve la tüassir Rabbi temmim bil-hayr (Rabbim! İşimi kolaylaştır, zorlaştırma! Rabbim! İşimi hayırla sonuçlandırabilmeyi nasip eyle"şeklinde dua edilebilir.

**2. Dua**

اللَّهُمَّ خِرْلِي وَاخْتَرْلِي وَلاَ تَكِلْنِي عَلَى اخْتِيَارِي.

**Okunuşu:** ***"Allahümme hır li vehter li.Vela tekilni ala ihtiyari."***

**Anlamı:** "Allah'ım! Bu işi bana hayırlı kıl ve bu işi bana nasip eyle! Allah'ım beni kendi başıma bırakma.(Tirmizi,De'avat,90)

## BORÇTAN KURTULMAK İÇİN DUALAR

**1. Dua**

اللَّهُمَّ فَارِجَ الْهَمِّ كَاشِفَ الْغَمِّ وَمُجِيبَ دَعْوَةِ الْمُضْطَرِّينَ رَحْمَانَ الدُّنْيَا وَ الآخِرَةِ وَ رَحِيمَهُمَا أَنْتَ تَرْحَمُنِي فَارْحَمْنِي بِرَحْمَةٍ تُغْنِينِي بِهَا عَنْ رَحْمَةِ مَنْ سِوَاكَ.

**Okunuşu:** *"Allahümme farice'l-hemmi, kaşife'l-ğammi, mücibe da'veti'l-mudtarrine rahmane'd-dünya ve'l-ahırati ve rahimehüma ente terhamüni ferhamni birahmetin tüğnini biha 'an rahmetin min sivake."*

**Anlamı:** "(Ey) Sıkıntıları gideren, kederleri kaldıran, zor durumda kalanların dualarına icabet eden, dünya ve ahretin rahman ve rahimi olan Allah'ım! Sen bana merhamet edersin, Senden başka kimsenin merhametine ihtiyaç bırakmayan bir merhametle bana merhamet et." (Hakim, Dua, I, 515)

**2. Dua**

اللَّهُمَّ إنِّي وَأَعُوذُ بِكَ مِنَ الْهَمِّ وَالْحَزَنِ وَالْكَسَلِ وَالْبُخْلِ وَضَلَعِ الدَّيْنِ وَغَلَبَةِ الرِّجَالِ.

**Okunuşu:** *(Allahümme inni euzü bike mine'l-hemmi ve'l-hazeni ve'l-keseli ve'l-buhli ve dalai'd-deyni ve galabeti'r-ricali)*

**Anlamı:** "Allah'ım! Kederden, hüzünden, tembellikten, cimrilikten, borç baskısından ve insanların kahrına uğramaktan sana sığınırım." (Tirmizi,5/520)

**3. Dua**

اللَّهُمَّ مَالِكَ الْمُلْكِ تُؤْتِي الْمُلْكَ مَن تَشَاء وَتَنْزِعُ الْمُلْكَ مِمَّن تَشَاء وَتُعِزُّ مَن تَشَاء وَتُذِلُّ مَن تَشَاء بِيَدِكَ الْخَيْرُ إِنَّكَ عَلَى كُلِّ شَيْءٍ قَدِيرٌ. رَحْمَانَ الدُّنْيَا وَ الآخِرَةِ تُعْطِيهِمَا مَنْ تَشَاءُ وَ تَمْنَعُ مِنْهُمَا مَنْ تَشَاءُ ارْحَمْنِي رَحْمَةً تُغْنِينِي بِهَا عَنْ رَحْمَةٍ مِنْ سِوَاكَ.

**Okunuşu:** *(Allahümme malike'l-mülki tü'ti'l-mülke men teşaü ve tenziu'l-mülke mimmen teşaü ve tuizzü men teşaü ve tüzillü men teşaü biyedike'l-hayr, inneke ala külli şey'in kadir.*

*Rahmane'd-dünya ve'l ahireti, tu'tıhima men teşaü ve temneu minhüma men teşaü, irhamni rahmeten tuğnını biha an rahmeti min sivake)*

**Anlamı:** "Ey mülkün sahibi Allah'ım! Mülkü istediğine verirsin, mülkü istediğinden çeker alırsın. İstediğini aziz eder, istediğini hor edersin. Hayır senin elindedir.Senin her şeye gücün yeter. Ey dünyanın ve ahıretin rahmanı, bu ikisini dilediğine verir, bu ikisini dilediğine vermezsin. Bana öyle bir merhamet et ki, başkasının merhametine ihtiyaç kalmasın. "(Taberani,Es-sağır,1/202)

**4. Dua**

اللَّهُمَّ رَبَّ السَّمَاوَاتِ السَّبْعِ وَ رَبَّ العَرْشِ الْعَظِيمِ. رَبَّنَا وَ رَبَّ كُلِّ شَيْءٍ مُنْزِلَ التَّوْرَاةِ والإِنْجِيلِ وَالْفُرْقَانِ فَالِقَ الْحَبِّ وَالنَّوَى. أَعُوذُ بِكَ مِنْ شَرِّ كُلِّ شَيْءٍ أَنْتَ آخِذٌ بِنَاصِيَتِهِ. أَنْتَ الأَوَّلُ فَلَيْسَ قَبْلَكَ شَيْءٌ وَأَنْتَ الآخِرُ فَلَيْسَ بَعْدَكَ شَيْءٌ وَأَنْتَ الظَّاهِرُ فَلَيْسَ فَوْقَكَ شَيْءٌ وَأَنْتَ البَاطِنُ فَلَيْسَ دُونَكَ شَيْءٌ. اقْضِ عَنِّي الدَّيْنَ وَأَغْنِنِي مِنْ الفَقْرِ.

**Okunuşu:** *"Allahümme Rabbe's-semavati's-seb'ı ve Rabbe'l -arşi'l-'azim. Rabbena ve Rabbe külli şey'in, münzile't-Tevrati ve'l-İncili ve'l-Furkani, falika'l-habbi ve'n-neva. E'uzü bike min şerri külli şey'in, ente ahizün bi nasiyetihi. Ente'l-evvelü fe leyse kableke şey'ün. Ve ente'l-ahiru feleyse ba'deke şey'ün. Ve ente'z-zahiru feleyse fevkake şey'ün.Ve ente'l-batınü feleyse duneke şey'ün. Ikdi anni'd-deyne. Ve ağnini mine'l-fakri."*

**Anlamı:** "Allah'ım! Sen yedi göğün Rabbi, ulu Arş'ın Rabbisin. Sen bizim Rabbimiz ve her şeyin Rabbisin. Tevrat, İncil ve Furkan 'ı indiren, tohum ve çekirdekleri açan/ç tlatan Sensin. Perçeminden tuttuğun her şeyin şerrinden san sığınıyorum. Evvel sensin, senden önce hiçbir şey yoktu. Ahir ensin, senden sonra da hiçbir şey kalmayacaktır. Sen zahirsin, senin üstünde hiçbir şey mevcut değildir. Sen bütün sırları bilensin, Senden gizli hiçbir şey yoktur. Benim borcumu öde(meyi nasip eyle), beni fakirlikten kurtar." (Tirmizi, De'avat, 68; İbn Mace, Dua, 2)

**5. Dua**

اللَّهُمَّ اكْفِنِي بِحَلاَلِكَ عَنْ حَرَامِكَ وَاغْنِنِي بِفَضْلِكَ عَمَّنْ سِوَاكَ.

**Okunuşu:** ***"Allahümmekfini bi-halalike 'an haramike veğnini bi fadlike 'ammen sivake."***

**Anlamı:** "Allah'ım! Helal olan nimetlerinle yetinmemi, haramlardan müstağni olmamı ihsan eyle, fazlı kereminle beni Senden başkasına muhtaç eyleme." (Hakim, De'avat, No: 1973)

**6. Dua**

اللَّهُمَّ فَالِقَ الإِصْبَاحِ وَ جَاعِلَ اللَّيْلِ سَكَناً وَالشَّمْسَ وَالْقَمَرَ حُسْبَاناً اقْضِ عَنِّي الدَّيْنَ وَاغْنِنِي مِنَ الْفَقْرِ وَ اَمْتِعْنِي بِسَمْعِي وَ بَصَرِي وَ قُوَّتِي فِي سَبِيلِكَ.

**Okunuşu:** ***"Allahümme falika'l-'ısbahı ve ca'ıle'l-leyli sekenen ve'ş-şemse ve'l-kamera husbanen 'ıkdı 'anni'd-deyne ve ağnini mine'l-fakri ve emti'ni bi-sem'i ve besari ve kuvveti fi sebilike."***

**Anlamı:** "Sabahın aydınlığını var eden, geceyi dinlenme vakti yapan, güneşi ve ayı hesap vasıtası yapan Allah'ım! Bana borçlarımı ödemeyi ihsan eyle, benden fakirliği gider, kulağımı, gözümü ve kuvvetimi Senin yolunda kullanmayı nasip eyle." (Malik, Dua, No: 495)

## PSİKOLOJİK- MANEVİ SIKINTI İÇİN DUALAR

**1. Dua**

بِسْمِ اللّٰهِ الرَّحْمٰنِ الرَّحِيمِ

اَلْحَمْدُ لِلّٰهِ رَبِّ الْعَالَمِينَ. الرَّحْمٰنِ الرَّحِيمِ. مَالِكِ يَوْمِ الدِّينِ. إِيَّاكَ نَعْبُدُ وَإِيَّاكَ نَسْتَعِينُ. اهْدِنَا الصِّرَاطَ الْمُسْتَقِيمَ. صِرَاطَ الَّذِينَ أَنْعَمْتَ عَلَيْهِمْ غَيْرِ الْمَغْضُوبِ عَلَيْهِمْ وَلَا الضَّالِّينَ.

**Okunuşu:** ***"Bismillahi'r-Rahmani'r- Rahim Elhamdülillahi Rabbi'l-âlemin. Er-Rahmani'r-Rahim. Maliki yevmi'd-din. İyyake na'büdü ve iyyake neste'in. İhdine's-sırata'l-mustekim. Sıratallezine en'amte 'aleyhim ğayri'l-meğdubi 'aleyhim ve le'd-dallin."***

**Anlamı:** "Rahman ve Rahim olan Allah'ın adı ile.

Hamd, âlemlerin Rabbi, Allah'a mahsustur. Hesap ve ceza gününün (ahiret gününün) maliki. Rahman, Rahim,(Allah'ım!) Yalnız sana ibadet ederiz ve yalnız senden yardım dileriz. Bizi doğru yola ilet. Kendilerine nimet verdiklerinin yoluna (ilet), gazaba uğrayanlarınkine ve sapıklarınkine değil."

**2. Dua**

بِسْمِ اللّٰهِ الرَّحْمٰنِ الرَّحِيمِ

الٓمٓ. ذٰلِكَ الْكِتَابُ لَا رَيْبَ فِيهِ هُدًى لِلْمُتَّقِينَ. الَّذِينَ يُؤْمِنُونَ بِالْغَيْبِ وَيُقِيمُونَ الصَّلَاةَ وَمِمَّا رَزَقْنَاهُمْ يُنْفِقُونَ. وَالَّذِينَ يُؤْمِنُونَ بِمَا أُنْزِلَ إِلَيْكَ وَمَا أُنْزِلَ مِنْ قَبْلِكَ وَبِالْآخِرَةِ هُمْ يُوقِنُونَ.

**Okunuşu:** ***"Bismillahi'r-Rahmani'r-Rahim. Elif Lam Mim. Zalike'l-kitabü la raybe fih. Hüden lil-müttekin, Ellezine yü'minune bi'l-ğaybi ve yükimune's-salete ve mimma***

***razaknahüm yünfikun. Vellezine yü'minune bima ünzile ileyke ve ma ünzile min kablike ve bi'l-ahiratihüm yükınun."***

**Anlamı:** "Rahman ve Rahim Allah'ın adı ile.

Elif lam mim. Rahman ve Rahim Allah'ın adı ile. Bu, kendisinde şüphe olmayan kitaptır. Allah'a karşı gelmekten sakınanlar için yol göstericidir. Onlar gaybe inanırlar, namazı dosdoğru kılarlar, kendilerine rızık olarak verdiğimizden de Allah yolunda harcarlar. Onlar sana indirilene de, senden önce indirilenlere de inanırlar. Ahirete de kesin olarak inanırlar."

## İçinin Ferahlaması İçin okunacak dua

أَنَا عَبْدُكَ ابْنُ عَبْدِكَ ابْنُ أَمَتِكَ فِي قَبْضَتِكَ نَاصِيَتِي بِيَدِكَ مَاضٍ فِيَّ
حُكْمُكَ عدْلٌ فِيَّ قَضَائُكَ. أَسْأَلُكَ بِكُلِّ اسْمٍ هُوَ لَكَ سَمَّيْتَ بِهِ نَفْسَكَ أَوْ
أَنْزَلْتَهُ فِي كِتَابِكَ أَوْ عَلَّمْتَهُ أَحَداً مِنْ خَلْقِكَ أَوْ اسْتَأْثَرْتَ بِهِ فِي عِلْمِ الغَيْبِ
عِنْدَكَ أَنْ تَجْعَلَ القُرآنَ نُورَ صَدْرِي وَ رَبِيعَ قَلْبِي وَجِلاءَ حُزْنِي وَذَهَابَ هَمِّي.

**Okunuşu:** *Ene abdüke ibnü abdike ibnü emetike fı kabdatike nasiyeti biyedike,madın fiyye hükmüke adlün fiyye kadauke,es'elüke bikülli ismin hüve leke semmeyte bihı nefseke ev enzeltehu fı kitabike ev allemtehu ehaden min halkıke ev iste'serte bihı fı ilmi'l-ğaybi indeke en tec'ale'l-kur'an'a nura sadri ve rabia kalbı ve cilae huznı ve zehabe hemmı).*

**Anlamı:** "Allah'ım! Ben senin kulunum, kölenin evladıyım, cariyenin evladıyım.Senin avucundayım. İdarem senin elindedir. Hükmün bende geçerlidir, hakkımda verdiğin hüküm adildir. Kendine verdiğin yahut kitabında indirdiğin, yahut yarattıklarından birine öğrettiğin, yahut gayb ilmine ait olarak kendine sakladığın her ismin hürmetine,senden isterim ki, Kur'an'ı gönlümün nuru, kalbimin baharı kılasın, sıkıntımı def edersin."

# KİMSESİZ OLANLARIN OKUYACAĞI DUALAR

**1. Dua**

أَعُوذُ بِكَلِمَاتِ اللّهِ التَّامَّةِ مِنْ غَضَبِهِ وَ عِقَابِهِ وَ شَرِّ عِبَادِهِ وَمِنْ هَمَزَاتِ الشَّيَاطِينِ وَ أَنْ يَحْضُرُونَ.

**Okunuşu:** ***"Euzü bi kelimatillahi't-tammati min ğadabihi ve ıkabihi, ve şerri ıbadihı, ve min hemezati'ş-şeyatini ve en yahdurun."***

**Anlamı:** "Gazabından, azabından, kullarının şerrinden, şeytanların dürtmelerinden ve bana sokulmaya çalışmalarından Allah'ın eksiksiz kelimelerine sığınırım. 'O zaman şeytanlar sana zarar vermez ve yaklaşmazlar." (Tirmizi,De'avat,96)

**Dua ile ilgili bilgi:** Bera b.Azip (r.a.)diyor ki: Peygamberimiz (s.a.v.)'e bir adam geldi, yalnızlığın verdiği korkudan şikayet etti. O da bunu çokça söylemesini buyurdu.

**2. Dua**

سُبْحَانَ الْمَلِكِ الْقُدُّوسِ رَبِّ الْمَلَائِكَةِ وَ الرُوحُ. جَلَلْتَ السَّمَاوَاتِ والأَرْضَ بِالْعِزَّةِ وَ الْجَبَرُوتِ.

**Okunuşu:** ***Sübhane'l-Meliki'l-Kuddusi. Rabbi'l-melaiketi ve'r-ruhi. Celelte's-semavati ve'l-arda bi'l-izzeti ve'l-ceberuti."***

**Anlamı:** "Meleklerin ve Cebrail'in Rabbi olan büyük padişahı ve mukaddes Rabbimi tenzih ederim. Gökleri ve yeri izzetinle ve azametinle kuşattın."

**Dua ile ilgili bilgi:** Adam bunları dedi ve içindeki o korku gitti. (Taberani,el-mu'cemü'l-kebir,2,24,No:1171)

### Korku Anlarında okunacak dua

اَللَّهُمَّ إِنَّا نَجْعَلُكَ فِي نُحُورِهِمْ وَ نَعُوذُ بِكَ مِنْ شُرُورِهِمْ

**Okunuşu:** ***"Allahümme inna nec'alüke fi nuhurihim.Ve neuzü bike min şururihim."***

**Anlamı:** "Allah'ım! Onların yüreklerine korku sal,bizi onların şerrinden koru!" (Ebu Davud,Salat,365)

### Korkulacak Durumda Okunacak dua

بِسْمِ اللّهِ الرَحْمنِ الرَحِيم

لاَحَوْلَ وَلاَ قُوَّةَ إلاَّ بِاللّهِ الْعَلِيِّ الْعَظِيم.

**Okunuşu:** ***"Bismillahirrahmanirrahim.***
***Vela havle vela kuvvete illa billahi'l-'aliyyi'l-azim."***

**Anlamı:** "Rahman ve Rahim olan Allah'ın adıyla!

Yüce ve büyük olan Allah'ın gücünden başka hiçbir güç ve kuvvet yoktur.

**Dua ile ilgili bilgi:** Sahabeden Hz.Ali (r.a.), Peygamberimiz (s.a.v.)'in şöyle dediğini rivayet etmiştir: "Ey Ali! Tehlikeli bir durumla karşılaştığında söyleyeceğin bazı kelimeleri sana öğreteyim mi," dedi. Ben de; "Sana canım feda olsun,buyur ey Allah'ın Resulü"dedim."Bir tehlikeye düştüğünde bu duayı oku. Bunu okursan Allah sana isabet edecek tüm belaları def eder" buyurdu. (İbn Mace,Dua,18)

### Dargınlıkları Gidermek İçin okunacak dua

اللَّهُمَّ أَلِّفْ بَيْنَ قُلُوبِنَا وَاَصْلِحْ ذَاتَ بَيْنِنَا وَاهْدِنَا سُبُلَ السَّلاَمِ وَ نَجِّنَا مِنَ الظُّلُمَاتِ إِلَى النُّورِ وجَنِّبْنَا الفَوَاحِشَ مَا ظَهَرَ مِنْهَا وَمَا بَطَنَ. اللَّهُمَّ احْفَظْنَا فِي أَسْمَاعِنَا وَ أَبْصَارِنَا وَ أَزْوَاجِنَا.

**Okunuşu:** ***"Allahhümme ellif beyne kulubina ve aslih zate beynina, vehdina sübüle's-selami ve neccina mine'z-zulümati ile'n-nuri ve cennibne'l-fevahışe ma zahara minha ve ma betane. Allahümme'hfazna fi esma'ına ve ebsarina ve ezvacina."***

**Anlamı:** "Allah'ım! Kalplerimizi birleştir(bizi ayrılığa düşürme). Aramızı /sosyal ilişkilerimizi düzelt. Bizi doğru yola ilet. Bizi (şirk, küfür ve nifak) karanlıklarından kurtar, (iman ve İslam) aydınlığına çıkar, bizi her türlü çirkinlik ve edepsizliğin açığı ve gizlisinden uzaklaşır. Allah'ım! Kulaklarımızı, gözlerimizi ve eşlerimizi (her türlü kötülükten ve günahtan) koru." (İbn Hibban, Rakaik, No: 996)

## HASTANIN ŞİFA BULMASI İÇİN OKUNACAK DUALAR

**1. Dua**

اللَّهُمَّ إِنِّي أَسْأَلُكَ الْعَفْوَ وَالعَافِيَةَ فِي الدُّنْيَا وَالآخِرَةِ.

**Okunuşu:** ***"Allahümme inni es'eluke'l-'afve ve'l-'afyete fi'd-dünya ve'l-ahırah."***

**Anlamı:** "Allah'ım! Senden dünya ve ahrette af, sağlık, sıhhat ve nimet istiyorum." (Ebu Davud, Edeb,110)

**Dua ile ilgili bilgi:** Peygamberimiz, sabah akşam bu duayı okuyarak Allah'tan sağlık, afiyet ve iyilik istemiştir.

**2. Dua**

اللَّهُمَّ إِنِّي أَعُوذُ بِكَ مِنَ الْجُزَامِ وَالْبَرَصِ وَالْجُنُونِ وَسَيِّءِ الأَسْقَامِ.

**Okunuşu:** ***"Allahümme inni e'uzü bike mine'l-cüzzami ve'l-barasi ve'l-cünuni ve seyyi'il-eskam."***

**Anlamı:** "Allah'ım! Cüzzamdan, barastan, delilikten ve hastalıkların kötüsünden sana sığınırım." (Ebu Davud, Salât, 367; Nesai, İstiaze,36)

### 3. Dua

اللَّهُمَّ رَبَّ النَّاسِ أَذْهِبْ الْبَأْسَ وَاشْفِهِ وَأَنْتَ الشَّافِي لاَ شِفَاءَ إِلاَّ شِفَائُكَ.
شِفَاءً لاَ يُغَادِرُ سَقَماً.

**Okunuşu:** ***"Allahümme Rabbe'n-nasi! Ezhibi'l-be'se veşfihi, ve ente'ş-şafi. La şifae illa şifaüke. Şifaen la yüğadiru sekama."***

**Anlamı:** "Allah'ım, ey insanların Rabbi! Derdimizi gider, şifa ver. Şifa veren sensin. Senin vereceğin şifadan başka şifa yoktur. Öyle bir şifa ver ki, hastalık nedir bırakmasın." (Buhari, Tıbb, 37, No: 5410)

**Dua ile ilgili bilgi:** Peygamberimizin eşi Hz. Aişe (r.a.) diyor ki: Peygamberimiz (s.a.v.), ailesinden bazı fertleri sağ eliyle sıvazlar ve böyle dua ederdi.

### 4. Dua

بِسْمِ اللَّهِ أَرْقِيكَ مِنْ كُلِّ شَيْءٍ يُؤْذِيكَ مِنْ شَرِّ كُلِّ نَفْسٍ أَوْ عَيْنٍ حَاسِدٍ.
اللهُ يَشْفِيكَ بِاسْمِ اللهِ أَرْقِيكَ.

**Okunuşu:** ***"Bismillahi erkike, min külli şey'in yü'zike, min şerri külli nefsin ev 'aynin hasidin. Allahü yeşfike. Bismillahi erkike."***

**Anlamı:** "Seni Allah'ın adı ile seni rahatsız eden her şeyden, her türlü kötü nefisten ve kem gözden efsunlarım. Allah, sana şifa versin. Seni Allah'ın adı ile efsunlarım." (Müslim, Selam, 40)

**Dua ile ilgili bilgi:** Sahabeden Ebu Said el-Hudri (r.a.) diyor ki: Cebrail, Peygamber Efendimiz (s.a.v.)'e geldi ve "Muhammed! Bir şikâyetin var mı" diye sordu. O da "evet" dedi. Cebrail, o'na (s.a.v.) böyle dua etti.

### 5. Dua

بِسْمِ اللَّهِ الْكَبِيرُ نَعُوذُ بِاللَّهِ الْعَظِيمُ مِنْ شَرِّ عِرْقٍ نَعَّارٍ وَ مِنْ شَرِّ حَارٍّ النَّارِ.

**Okunuşu: "Bismillahhi'l-kebir. Ne'uzü billahi'l-azimi min şerri 'ırkın na"arin ve min şerri harri'n-nari."**

**Anlamı:** "Büyük olan Allah'ın adıyla. Zonklayan her damarın şerrinden ve cehennem ateşinin hareretinin şerrinden ulu Allah'a sığınırım." (Tirmizi, Tıbb, 25)

**Dua ile ilgili bilgi:** Sahabeden Abdullah İbn Abbas (r.a.) diyor ki: Peygamberimiz (s.a.v.) bütün ağrılardan ve sıtmalardan dolayı böyle dememizi bize öğretirdi.

### 6. Dua

أَسْأَلُكَ اللَّهَ الْعَظِيمَ رَبَّ الْعَرْشِ الْعَظِيمِ أَنْ يَشْفِيَكَ.

**Okunuşu: "Es'elüllahe'l-azime, Rabbe'l-arşi'l-azimi en yeşfiyeke."**

**Anlamı:** "Ulu Arş'ın Rabbi Yüce Allah'tan sana şifa vermesini isterim." (Ebu Davud, Cenaiz, 12)

**Dua ile ilgili bilgi:** Sahabeden Abdullah İbn Abbas (r.a.), Peygamberimiz (s.a.v.)'in şöyle buyurduğunu bildirmiştir:

"Kim eceli gelmemiş bir hastayı ziyaret eder de onun yanında bu duayı yedi defa okursa Allah ona şifa verir.

## Akıl Hastalığı İçin Okunacak Dua

إِنَّ الْحَمْدَ لِلَّهِ نَحْمَدُهُ وَ نَسْتَعِينُهُ مَنْ يَهْدِ اللّهُ فَلاَ مُضِّلَ لَهُ وَمَنْ يُضْلِل فَلاَ هَادِيَ لَهُ. وَأَشْهَدُ أَنْ لاَ إِلَهَ إِلاَّ اللهُ وَحْدَهُ لاَ شَرِيكَ لَهُ وَأَشْهَدُ أَنَّ مُحَمَّداً عَبْدُهُ وَرَسُولُهُ.

**Okunuşu:** ***(İnnel hamde lillah, nahmedühu ve nesteınühu. Men yehdihillahu fela mudille leh, vemen yudlil felah hadiye leh.Ve eşhedü en la ilahe illallahu vahdehu la şerike leh, ve enne muhammeden abduhu ve resulüh...)***

**Anlamı:** "Gerçek hamd,Allah'a mahsustur.O'na hamd eder, ve O'ndan yardım dileriz. Allah kime hidayet ederse, kimse onu saptıramaz, kimi de saptırırsa, ona kimse hidayet edemez. Şahitlik ederim ki, Allah'tan başka ilah yoktur, birdir, ortağı yoktur. Muhammed O'nun kulu ve resulüdür"

**Dua İle İlgili Bilgi:** Dımad, Mekke'ye gelmişti. Bu zat, şenue kabilesinden idi. Deliliği ve cin çarpmasını okurdu. Mekke'nin ayak takımlarından, Muhammed'in deli olduğunu işitmişti. İçinden: "Gitsem de şu adamı afsunlasam, belki Allah ona benin elimle şifa verir" dedi. Peygamber (s.a.v.) ile karşılaştı. " Ya Muhammed! Ben bu hastalığı afsunlarım. Allah dilerse sana şifa verir, seni afsunlamamı ister misin?" dedi. Peygamberimiz (s.a.v.) de ona bu cümleleri okudu.

Dımad bu kelimeleri işitince, "bunları bana bir daha tekrar et" dedi.Peygamberimizde ona üç defa tekrar etti. O'da; Kahinlerin, sihirbazların, şairlerin sözlerini dinledim. Bunlar gibisini işitmedim. Bunlar denizin derinliklerine inen (insanın içine işleyen) kelimelerdir. Ver elini sana biat edeyim"dedi ve biat etti.

## Hastalığa Yakalandığında Okunacak Dualar

**1. Dua**

بِسْمِ اللَّهِ أَرْقِيكَ مِنْ كُلِّ شَيْءٍ يُؤْذِيكَ مِنْ حَسَدِ حَاسِدٍ وَ مِنْ كُلِّ عَيْنٍ اللَّهُ يَشْفِيكَ.

**Okunuşu:** ***(Bismillahi erkıke, min külli şey'in yu'zıke,min hasedi hasidin,ve min külli aynin Allahu yeşfıke)***

**Anlamı:** "Seni Allah'ın adıyla okurum; seni rahatsız eden her şeyden, haset edenin hasedinden, bütün kem gözlerden. Allah sana şifa versin" (İbn Mace, 2/1165,1166)

**2. Dua**

يَا حَيُّ يَا قَيُّومُ بِرَحْمَتِكَ أَسْتَغِيثُ اَصْلِحْ لِي شَأْنِي كُلَّهُ وَلاَ تَكِلْنِي إِلَى نَفْسِي طَرْفَةَ عَيْنٍ وَ لاَ إِلَى أَحَدٍ مِنَ النَّاسِ

**Okunuşu:** ***(Ya hayyü ya kayyum, birahmetike esteğisü, aslih lı şe'nı külleh, vela tekilnı ila nefsı tarfete aynin,vela ila ehadin mine'n-nas)***

**Anlamı:** "Ey ölmeyen diri ve kainatı ayakta tutan Allah'ım! Rahmetine sığınırım.Bütün işlerimi düzelt. Beni göz açıp kapayacak kadar da olsa, ne kendime, ne de bir başkasına bırakma!"(Taberani,Es-sağır, 1/159)

## Yarası Olanın Okuyacağı Dua

اللَّهُمَّ مُصَغِّرَ الْكَبِيرِ وَ مُكَبِّرَ الصَّغِيرِ صَغِّرْ مَا بِي.

**Okunuşu:** ***(Allahümme musağğire'l-kebır ve mükebbire's-sağır,sağğir mabı)***

**Anlamı:** "Ey büyüğü küçülten,küçüğü büyülten Allah'ım!Bende olan bu şeyi küçült."

**Dua İle İlgili Bilgi:** Peygamber (s.a.v.)'in zevcelerinden biri anlatıyor: Resulullah (s.a.v.) yanıma geldi, parmağımda sivilce çıkmıştı; "yanında zerire (gözotu gibi bir toz) var mı? " dedi.Onu sivilcenin üzerine koydu ve böyle dememi buyurdu. ( Nevevi,Ezkar, 117)

Not:Peygamberimizin ilacı koyduktan sonra dua okuması çok önemlidir.Önce tedbir alınmalı, daha sonra dua okunmalı.

## ŞİFA İÇİN OKUNACAK AYETLER

**1. Ayet**

وَيَشْفِ صُدُورَ قَوْمٍ مُّؤْمِنِينَ.

**Okunuşu:** ***"Ve yeşfi sudura kavmim mü'minin."***

**Anlamı:** "(Allah) mü'min olan bir kavmin yüreklerine su serpsin (sevinç versin)".(Tevbe,14)

**2. Ayet**

وَشِفَاءٌ لِمَا فِي الصُّدُورِ وَهُدًى وَرَحْمَةٌ لِّلْمُؤْمِنِينَ.

**Okunuşu:** ***"Ve şifaü'l-lima fi's-suduri ve hüdev ve rahmetül li'l-mü'minin."***

**Anlamı:** "(Rabbinizden) gönüller derdine bir şifa, mü'minler için bir hidayet ve rahmettir." (Yunus,57)

**3. Ayet**

يَخْرُجُ مِن بُطُونِهَا شَرَابٌ مُّخْتَلِفٌ أَلْوَانُهُ فِيهِ شِفَاءٌ لِلنَّاسِ.

**Okunuşu:** ***"Yahrucü mim bütuniha şerabüm muhtelifün elvanühu fıhi şifa'ül-linnas."***

**Anlamı:** "İçlerinden renkleri muhtelif bir içecek peyda olup çıkar ki onda insanlara şifa vardır."(Nahl,69)

**4. Ayet**

وَنُنَزِّلُ مِنَ الْقُرْآنِ مَا هُوَ شِفَاءٌ وَرَحْمَةٌ لِّلْمُؤْمِنِينَ.

**Okunuşu:** ***"Ve nünezzilü mine'l-kur'ani ma hüve şifaüv ve rahmetü'l li'l-müminin."***

**Anlamı:** "Biz de kur'an'dan öylesini indiririz ki, mü'minler için bir şifa ve bir rahmettir."(İsra,82)

**5. Ayet**

وَإِذَا مَرِضْتُ فَهُوَ يَشْفِينِ.

***Okunuşu: "Ve iza meridtü fe hüve yeşfın."***
**Anlamı:** "Hastalandığım vakit de bana o şifa verir." (Şuara,80)

**6. Ayet**

لْ هُوَ لِلَّذِينَ آمَنُوا هُدًى وَشِفَاء.

**Okunuşu:** ***"Kul hüve lillezıne amenu hüdev ve şifa."***

**Anlamı:** "De ki: O,iman edenler için hidayet ve şifadır."(Fussilet,44)

## İHTİYAÇ DUASI

اللَّهُمَّ إِنِّي أَسْأَلُكَ تَوْفِيقَ أَهْلِ الْهُدَى وَ أَعْمَالَ أَهْلِ الْيَقِينِ وَ مُنَاصَحَةَ أَهْلِ التَوْبَةِ وَ عَزْمَ أَهْلِ الصَّبْرِ وَجِدَّ أَهْلِ الخَشْيَةِ وَطَلَبَ أَهْلِ الرَّغْبَةِ وَتَعَبُّدَ أَهْلِ الْوَرَعِ وَعِرْفَانَ أَهْلِ الْعِلْمِ حَتَّى أَخَافَكَ. اللَّهُمَّ إِنِّي أَسْأَلُكَ مَخَافَةً تَحْجُزُنِى عَنْ مَعْصِيَتِكَ حَتَّى أَعْمَلَ بِطَاعَتِكَ عَمَلاً اَسْتَحِقُّ بِهِ رِضَاكَ وَحَتَّى أُنَاصِحَكَ بِالتَّوْبَةِ خَوْفاً مِنْكَ وَحَتَّى أُخْلِصَ لَكَ النَّصِيحَةَ حُبّاً لَكَ وَحَتَّى أَتَوَكَّلَ عَلَيْكَ فِى الأُمُورِ وَحُسْنِ ظَنِّي بِكَ ، سُبْحَانَ خَالِقِ النُّورِ.

**Okunuşu:** ***"Allahümme inni es'elüke tevfika ehli'l-huda, ve a'male ehli'l-yakini ve münasahate ehli't-tevbeti ve azme ehli's-sabri, ve cidde ehli'l-haşyeti ve talebe ehli'r-rağbeti***

*ve teabbude ehli'l-vera'i ve irfane ehli'l-ilmi hatta ahafek. Allahümme inni es'elüke mehafeten tahcuzüni an ma'sıyetike hatta a'mele bitaatıke amelen estehikku bihi rıdake ve hatta unasıhake bi't-tevbeti havfen minke ve hatta uhlisa leke'n-nasihate hubben leke ve hatta etevekkele aleyke fi'l-umuri ve hüsni zannin bike. Sübhane Haliki'n-nur."*

**Anlamı:** "Allah'ım, Sen'den gerçek imanlı zatların başarısını, ermiş takıylerin amellerini, tevbe ehlinin öğütleşmesini, sabır ehlinin azmini, korku ehlinin ciddiyetini, seni isteyenlerin arzusunu, takva ehlinin ibadetini, ilim erbabının irfanını isterim ki, Sen'den gereği gibi korkayım. Allah'ım, Sana isyandan çekindirecek bir korku ver ki Sana itaat ile öyle amel edeyim, onunla rızana layık olayım, Sen'den korkarak içtenlikle Sana döneyim, sırf Senin sevgini kazanmak için içten öğüt vereyim. Her işte Sana güvenip, Sana sığınayım, Sana hüsn'ü zan besliyeyim. Nurun yaratıcısı Cenab-ı Hakk'a tesbih ederim."

## Her Hangi Bir İsteği Olanın Okuyacağı (Hacet) Duaları

**1. Dua**

لاَ إِلَـهَ إِلاَّ اللّٰهُ الْحَلِيمُ الْكَرِيمُ سُبْحَانَ اللّٰهِ رَبِّ الْعَرْشِ الْعَظِيمِ.
الْحَمْدُ لِلّٰهِ رَبِّ الْعَالَمِينَ. أَسْأَلُكَ مُوجِبَاتِ رَحْمَتِكَ وَعَزَائِمَ مَغْفِرَتِكَ
وَالْعِصْمَةَ مِنْ كُلِّ ذَنْبٍ وَالْغَنِيمَةَ مِنْ كُلِّ بِرٍّ وَالسَّلاَمَةَ مِنْ كُلِّ إِثْمٍ
لاَ تَدَعْ لِي ذَنْباً إِلاَّ غَفَرْتَهُ وَلاَ هَمّاً إِلاَّ فَرَّجْتَهُ وَلاَ حَاجَةً هِيَ لَكَ رِضاً
إِلاَّ قَضَيْتَهَا يَا أَرْحَمَ الرَّاحِمِينَ.

**Okunuşu:** *"La ilahe illallahu'l-halimu'l-kerim. Sübhanallahi rabbi'l-'arşi'l-azim. Elhamdülillahi rabbi'l-'âlemin. Es'eluke mücibati rahmetike ve 'azaime mağfiratike*

***ve'l-'ismete min külli zenbin ve'l-ğanimetü min külli birrin ve's-selamete min külli ismin la teda'li zenben illa ğafertehü ve la hemmen illa ferrectehü ve la haceten hiye leke ridan illa kadeyteha ya erhame'r-rahimın."***

**Anlamı:** "Halim, Kerim olan Allah'tan başka ilah yoktur ulu Arş'ın Rabbi, noksan sıfatlardan münezzehtir. Hamd âlemlerin Rabbine aittir. Rahmetine vesile olacak amelleri, mağfiretini celbedecek esbabı (hakkımda yaratmanı) talep ediyor, her çeşit günahtan koruman için yalvarıyor, her çeşit iyilikten zenginlik, her çeşit günahtan selamet diliyorum. Rabbim! Affetmediğin hiçbir günahımı, kaldırmadığın hiçbir sıkıntımı bırakma! Hangi amelden razı isen onu ver, ey Rahim olan, bana en ziyade rahmet gösteren Rabbim!" (Tirmizi, Salat: 348; İbn Mace, İkamet, 189)

**2. Dua**

لَا إِلَهَ إِلاَّ اللهُ وَحْدَهُ لَا شَرِيكَ لَهُ العَلِيُّ الْعَظِيمُ. لَا إِلَهَ إِلاَّ اللهُ وَحْدَهُ لَا شَرِيكَ لَهُ الْحَكِيمُ الْكَرِيمُ.

***Okunuşu: "La ilahe illallahü vahdehu la şerike lehü'l-'aliyyü'l-azim. La ilahe illallahü vahdehü la şerike lehü'l-hakimü'l-kerim."***

**Anlamı:** "Allah'tan başka ilah yoktur, sadece O vardır. O'nun ortağı yoktur. O, yücedir, uludur. Allah'tan başka ilah yoktur, sadece O vardır. O'nun ortağı yoktur. O, her işi hikmetli olan, çok ikram edendir." (İbn Ebi, Şeybe, Dua, 25)

**Dua ile ilgili bilgi:** Peygamerimiz (s.a.v.), Allah'tan bir istekte bulunacak kişinin bu duayı yaptıktan sonra ihtiyacını istemesini tavsiye etmiştir.

# SALİH MÜ'MİNLERİN DUALARI

**1. Dua**

اللَّهُمَّ رَبَّنَا آتِنَا فِي الدُّنْيَا حَسَنَةً وَفِي الآخِرَةِ حَسَنَةً وَ قِنَا عَذَابَ النَّارِ.

**Anlamı:** "Ey Rabbimiz! Bize dünyada iyilik, güzellik ve nimet ver; ahrette de iyilik, güzellik ve nimet ver ve bizi ateş azabından koru!" (Bakara, 2/201)

**2. Dua**

لاَ يُكَلِّفُ اللّهُ نَفْسًا إِلاَّ وُسْعَهَا لَهَا مَا كَسَبَتْ وَعَلَيْهَا مَا اكْتَسَبَتْ رَبَّنَا لاَ تُؤَاخِذْنَا إِنْ نَسِينَا أَوْ أَخْطَأْنَا رَبَّنَا وَلاَ تَحْمِلْ عَلَيْنَا إِصْرًا كَمَا حَمَلْتَهُ عَلَى الَّذِينَ مِنْ قَبْلِنَا رَبَّنَا وَلاَ تُحَمِّلْنَا مَا لاَ طَاقَةَ لَنَا بِهِ وَاعْفُ عَنَّا وَاغْفِرْ لَنَا وَارْحَمْنَا أَنْتَ مَوْلاَنَا فَانْصُرْنَا عَلَى الْقَوْمِ الْكَافِرِينَ

**Anlamı:** "Ey Rabbimiz, eğer unuttuk ya da yanıldıysak bizi tutup sorguya çekme! Ey Rabbimiz, bize bizden öncekilere yüklediğin gibi ağır yük yükleme! Ey Rabbimiz, bize gücümüzün yetmeyeceği yükü de yükleme! Bağışla bizi, mağfiret et bizi, rahmet et bize! Sensin bizim Mevlamız, kâfir kavimlere karşı yardım et bize." (Bakara, 2/286)

**3. Dua**

قُلِ اللَّهُمَّ مَالِكَ الْمُلْكِ تُؤْتِي الْمُلْكَ مَنْ تَشَاءُ وَتَنْزِعُ الْمُلْكَ مِمَّنْ تَشَاءُ وَتُعِزُّ مَنْ تَشَاءُ وَتُذِلُّ مَنْ تَشَاءُ بِيَدِكَ الْخَيْرُ إِنَّكَ عَلَى كُلِّ شَيْءٍ قَدِيرٌ

**Anlamı:** "Ey mülkün sahibi Allah'ım! Sen mülkü dilediğine verirsin, dilediğinden de onu çeker alırsın, dilediğini aziz edersin, dilediğini zelil edersin. Hayır, Senin elindendir. Muhakkak ki, Sen her şeye kadirsin." (Al-i İmran, 3/26)

**4. Dua**

الّذِينَ يَقُولُونَ رَبّنَا إِنّنَا آمَنّا فَاغْفِرْ لَنَا ذُنُوبَنَا وَقِنَا عَذَابَ النّارِ

**Anlamı:** "Ey Rabbimiz! Biz gerçekten iman ettik; bizim günahlarımızı bağışla ve bizi ateş azabından koru." (Al-i İmran, 3/16)

**5. Dua**

قِلْخَ يِف نَورُكّفَتَيَو مْهِبِونُجُ ىلَعَو ادًوعُقُو امًايَقِ هَلّلا نَورُكُذْيَ نَيذِلّا
رِانّلا بَاذَعَ انَقِفَ كَنَاحَبْس لاًطِابَ اذَهَ تَقْلَخَ امَ انَبّرِ ضِرْلَأْاو تِاومَسّلا
لاَ كَنّإِ ةِمَايَقلْا مَويَ انَزِخْتُ لاَوَ كَلِسُرُ ىلَعَ انَتَدْعَو امَ انَتِآو انَبّرَ
دَاعَيِملْا فُلِخْتُ

**Anlamı:** "Ey Rabbimiz! Sen bu (gökleri ve yeri)boşuna yaıatmadın, Seni noksan sıfatlardan tenzih ederiz. Bizi ateş azabından koru. Ey Rabbimiz! Şüphesiz sen, kimi o ateşe sokarsan onu kesinlikle rezil ve perişan etmişsindir.Zalimlerin yardımcıları yoktur. Ey Rabbimiz! Biz,' Rabbinize iman edin' diye imana çağıran bir davetçi işittik ve O'na hemen iman ettik. Ey Rabbimiz! Günahlarımızı bağışla, kötülüklerimizi ört, bizleri iyilerle beraber al. Ey Rabbimiz! Peygamberlerinle bize va'd ettiklerini ver. Kıyamet gününde yüzümüzü kara çıkarma! Şüphesiz Sen,sözünden caymazsın!" (Al-i İmran,3/191-194)

## DÜNYA VE AHİRETTE İYİLİK DUASI

اللَّهُمَّ رَبَّنَا آتِنَا فِي الدُّنْيَا حَسَنَةً وَفِي الآخِرَةِ حَسَنَةً وَ قِنَا عَذَابَ النَّارِ.

**Okunuşu:** *Allahümme Rabbena Atina fi'd-dünya hasenetev ve fi'l-ahirati haseneh.Ve kına azabe'n-nar.*

**Anlamı:** Ey Allah'ım! Ey Rabbimiz! Bize dünyada iyilik, güzellik ve nimet ver, ahirette de iyilik, güzellik ve nimet ver ve bizi ateş azabından koru. (Buhari, De'avat,55;bk. Müslim,Dua, 26; İbn Hıbban,Ed'ıye,no: 940;Ebu Ya'la, Zikir ve Dua, no: 893,902-903)

### Dinin ve Dünyanın Düzelmesi (ıslahı) İçin okunacak dua

اللَّهُمَّ اصْلِحْ لِي دِينِي الَّذِي هُوَ عِصْمَةُ أَمْرِي وَأَصْلِحْ لِي دُنْيَايَ الَّتِي فِيهَا مَعَاشِي وَاجْعَلِ الْمَوْتَ رَاحَةً لِي مِنْ كُلِّ سُوءٍ.

**Okunuşu:** *(Allahümmaslih lı dıniyellezı hüve ısmetü emrı, ve eslıh lı dünyayelletı fıha maaşı, vec'alil mevte rahaten lı min külli suin)*

**Anlamı:** "Allah'ım! İşimin dayanağı olan dinimi ıslah et, geçimimi ondan temin ettiğim dünyamı ıslah et, ölümü bütün kötülüklerden kurtulup rahat etmem için vesile eyle." (Buhari,Edebü'l-Müfred,290; Müslim,3/2087)

## TAKVA VE HİDAYET İSTEĞİ DUASI

اللَّهُمَّ إِنِّي أَسْأَلُكَ الْهُدَى وَالتُّقَى وَالْعَفَافَ وَالْغِنَى.

**Okunuşu:** *"Allahümme inni es'elüke'l-hüda ve't-tüka ve'l-'afafe ve'l-ğına."*

**Anlamı:** "Allah'ım! Senden hidayet, takva iffet ve gönül zenginliği istiyorum." (Müslim,Dua,72;İbn Hıbban,Ed'ıye,no:900)

## DOĞRU YOLDA DEVAMLILIK DUASI

اللَّهُمَّ اغْفِرْلِي وَارْحَمْنِي وَاهْدِنِي وَعَافِنِي وَارزُقْنِي.

**Okunuşu:** ***"Allhümme'ğfirli verhamni vehdini ve'afini verzükni."***

**Anlamı:** "Allah'ım! Beni bağışla, bana hidayet nasip eyle, bana rızık ver, beni afiyette daim eyle ve bana merhamet et." (Müslim, Zikir,35 ;Hakim, De'avat,No:1940: İbn Hıbban, Ed'ye,No:946;İbn Ebi Şeybe,Dua,No:29341,29387)

## NEFSİN AŞIRILIĞINDAN ÇIKIŞ DUALARI

اللَّهُمَّ الْهِمْنى رُشْدِي وَاَعِزْنِي مِنْ شَرِّ نَفْسِي.

**Okunuşu:** ***"Allahhümme'lhimni ruşdi ve e'ızni min şerri nefsi."***

**Anlamı:** "Allah'ım! Bana doğru olanı ilham et ve beni nefsimin şerrinden koru." (Tirmizi,De'avat,70)

### Kötü Arzudan Uzaklaşma için okunacak dualar

**1. Dua**

اللَّهُمَّ اغْفِرْلَنَا وارْحَمْنَا وارْضَ عَنَا وَتَقَبَّلْ مِنَّا وَادْخِلْنَا الْجَنَّةَ وَنَجِّنَا مِنَ النَّارِ واَصْلِحْ لَنَا شَأْنَنَا كُلَّهُ.

**Okunuşu:** ***"Allahhümme'ğfir-lena verhamna verda 'anna ve tekabbel minna ve edhılne'l-cennete ve neccina mine'n-nari ve eslıh-lena şe'nena küllehu."***

**Anlamı:** "Allah'ım! Bizi bağışla, bize merhamet eyle, (ibadetlerimizi, hayır ve hasenatımızı, dualarımızı) kabul eyle, bizi cennete koy,bizi cehennemden azat eyle, bütün işlerimizi ıslah eyle." (İbn Ebi Şeybe,Dua,No :29342)

**2. Dua**

اللَّهُمَّ اَحْسَنْتَ خَلْقِي فَاَحْسِنْ خُلُقِي.

**Okunuşu:** ***"Allahhümme ahsente halki fe ahsin hulüki."***

**Anlamı:** "Allah'ım! Yaratılışımı güzel yaptın, ahlakımı da güzelleştir. (İbn Hıbban, Ed'ıye,No: 959 ;El-heysemi, Ed'ıye,33, no,17363)

**Kötü Huydan Allah'a Sığınmak İçin okunacak dua**

اللَّهُمَّ إِنِّي أَعُوذُ بِكَ مِنَ الشِّقَاقِ وَالنِّفَاقِ وَسُوءِ الأَخْلاَقِ.

**Okunuşu:** ***(Allahümme innı euzü bike mine'ş-şikakı ve'n-nifakı ve sui'l-ahlakı)***

**Anlamı:** "Allah'ım! Düşmanlıktan, münafıklıktan ve kötü huydan sana sığınırım." (Nesei,8/264)

**Ahlak Güzelliği için okunacak dua**

اللَّهُمَّ جَنِّبْنِي مُنْكَرَاتِ الأَخْلاَقِ والأَهْوَاءِ والأَسْوَاءِ والأَدْوَاءِ .

**Okunuşu:** ***"Allahümme cennibni münkerati'l-ahlakı ve'l-ehvai ve ve'l-esvai ve'l-edvai."***

**Anlamı:** "Allah'ım! Kötü ahlaktan, nefsani arzulardan, kötü işlerden ve ayıp şeylerden beni uzaklaştır."(İbn Hıbban, Ed'ıye, No: 960)

**Günahtan Arınmak İçin Dua**

اللَّهُمَّ آتِ نَفْسِي تَقْوَاهَا وزَكِّيهَا اَنْتَ خَيْرُ مَنْ زَكَّاهَا أَنْتَ وَلِيُّهَا وَمَوْلاَهَا .

**Okunuşu:** ***"Allahümme ati nefsi takvaha ve zekkiha ente hayru men zekkaha ente veliyyüha ve mevlaha."***

**Anlamı:** "Allah'ım! Nefsime takvasını ver ve nefsimi (hertürlü kötü şeylerden) temizle,sen temizleyenlerin en hayırlısısın. Sen nefsimin dostu ve mevlasısın." (Müslim,Dua,73)

### İşlerin Düzene Girmesi için okunacak dua

اللّٰهُمَّ اَحْسِنْ عَاقِبَتَنَا فِي الْأُمُورِ كُلِّهَا وَاَجِرْنَا مِنْ خِزْيِ الدُّنْيَا وعَذَابِ الْآخِرَةِ.

**Okunuşu:** ***"Allahümme ahsin akıbetena fi'l-umuri külliha ve ecirna min hızyi'd-dünya ve azabi'l-ahıreti."***

**Anlamı:** "Allah'ım! Bütün işlerimin sonucunu güzel eyle, beni dünyada rezil olmaktan ve ahiret azabından koru." (İbn Hıbban, Ed'ıye, No:949; el-Heysemi,Ed'ıye,33,No:17390)

### İyiliğe Yönelik Kötülükten Uzaklaşma Duası

اللّٰهُمَّ إِنِّي أَسْأَلُكَ فِعْلَ الْخَيْرَاتِ وَتَرْكَ الْمُنْكَرَاتِ وحُبَّ الْمَسَاكِينِ.

**Okunuşu:** ***"Allahümme inni es'elüke fi'le'l-hayrati ve terke'l-münkerati ve hubbe'l-mesakin."***

**Anlamı:** "Allah'ım! Senden hayırlı olan işleri yapmayı, aklın ve dinin çirkin gördüğü şeyleri terk etmeyi ve fakirlerin sevgisini istiyorum." (Malik,Dua,No:508)

## İYİ YOLDA DİRENÇ DUASI

اللّٰهُمَّ اَعِنِّي عَلَى ذِكْرِكَ وَ شُكْرِكَ وحُسْنِ عِبَادَتِكَ.

**Okunuşu:** ***"Allahhümme e'ınni 'ala zikrike ve şükrike ve husni 'ıbadetike."***

**Anlamı:** "Allah'ım! Seni zikretmek, nimetlerine şükretmek ve sana en güzel biçimde ibadet etmek konusunda bana yardım eyle." (İbn Huzeyme,Dua,No:1838,1,499;İbn Ebi Şeybe,Dua,No:29391)

## Bildiğiyle Amel Duası

### 1. Dua

اللَّهُمَّ انْفَعْنِي بِمَا عَلَّمْتَنِي وَعَلِّمْنِي مَايَنْفَعُنِي وَارْزُقْنِي عِلْمًا تَنْفَعُنِي بِهِ.

**Okunuşu:** ***"Allahümme'nfe'ni bima 'allemteni ve 'alimni ma yenfe'uni verzükni 'ılmen tenfe'uni bihi."***

**Anlamı:** "Allah'ım! Bana öğrettiğin şeyleri hakkımda faydalı eyle, bana fayda verecek şeyleri öğret, beni, bana fayda verecek ilim ile nasiplendir." (Hakim,De'avat,No1879,1,510)

### 2. Dua

اللَّهُمَّ انْفَعْنِي مَا عَلَّمْتَنِي وَعَلِّمْنِي مَا يَنْفَعُنِي وَ زِدْنِي عِلْماً الْحَمْدُ لِلَّهِ عَلى كُلِّ حَالٍ. وَ أَعُوذُ بِاللَّهِ مِنْ حَالِ اَهْلِ النَّارِ.

**Okunuşu:** ***"Allahümme'nfe'ni bi-ma 'allemteni ve 'allimni ma yenfe'uni ve zidni 'ılma. Elhamdülillahi 'ala külli hal.Ve e'uzü billahi min hali ehli'n-nar."***

**Anlamı:** "Allah'ım! Bana öğrettiğin ilim ile beni faydalandır, bana fayda verecek ilmi bana öğret ve benim ilmimi artır. Her hal üzere Allah'a hamd olsun.Cehennem ehlinin halinden Allah'a sığınırım." (Tirmizi,De'avat,130;İbn Ebi Şeybe,Dua,No:29384)

## Ahiret Aleminin Hayırlı Olması İçin

اللَّهُمَّ إِنَّا نَسْأَلُكَ مُوجِبَاتِ رَحْمَتِكَ وَ عَزَائِمَ مَغْفِرَتِكَ والسَّلَامَةَ مِنْ كُلِّ اِثْمٍ والْغَنِيمَةَ مِنْ كُلِّ بِرٍّ والْفَوْزَ بِالْجَنَّةِ وَالنَّجَاةَ بِعَوْنِكَ مِنَ النَّارِ.

**Okunuşu:** ***"Allahümme inna nes'elüke mucibati rahmetike ve 'azaime meğfiratike ve's-selamete min külli ismin ve'l-ğanimete min külli birrin ve'l-fevze bi'l-cenneti ve'n-necate bi-avnike mine'n-nar."***

**Anlamı:** "Allah'ım! Rahmetinin gereklerini, mağfiretinin sürekliliğini, her türlü günahtan uzak ve salim olmayı, her türlü iyilik ve nimetleri, cennete girerek felaha ermeyi, yardımınla cehennem ateşinden kurtulmayı istiyorum." (Hakim, De'avat, No: 1925)

## HER TÜRLÜ TEHLİKE VE BELA İÇİN KORUYUCU AYETLER

**1. Ayet**

وَلاَ يَؤُدُهُ حِفْظُهُمَا وَ هُوَ الْعَلِيُّ الْعَظِيمُ.

**Okunuşu:** ***"Vela yeudühu hıfzühüma ve hüve'l-aliyyü'l-azim." (Bakara, 255)***

**Anlamı:** Onları görüp gözetmek O'na güç gelmez. Zira yüce ve azametli yalnızca O'dur.

**2. Ayet**

فَاللّٰهُ خَيْرٌ حَافِظاً وَ هُوَ أَرْحَمُ الرَّاحِمِينَ .

**Okunuşu:** ***"Fallahü hayrun hafızan ve hüve erhamü'r-rahimin." (Yusuf, 64)***

**Anlamı:** Allah en hayırlı koruyucudur. Zira O merhametlilerin en merhametlisidir.

**3. Ayet**

وَحِفْظاً مِنْ كُلِّ شَيْطَانٍ مَارِدٍ .

**Okunuşu:** ***"Ve hıfzan min külli şeytanim marid." (Saffat, 7)***

**Anlamı:** Üstelik (onları) her isyankar şeytanın tasallutundan koruduk.

**4. Ayet**

وَحَفِظْنَاهَا مِنْ كُلِّ شَيْطَانٍ الرَّجِيمٍ.

**Okunuşu:** *"Ve hafıznaha min külli şeytani'r-racim." (Hicr, 17)*
**Anlamı:** Ve onları kovulmuş her şeytani güçten koruduk.

**5. Ayet**

وَحِفْظاً ذَلِكَ تَقْدِيرُ الْعَزِيزِ الْعَلِيمِ.

**Okunuşu:** *"Ve hıfzan zalike takdiru'l-azizi'l-alim." (Fusıllet, 12)*
**Anlamı:** İşte bu her şeyi bilen, her işi mükemmel olan Allah'ın takdiridir.

**6. Ayet**

إِنْ كُلُّ نَفْسٍ لَمَّا عَلَيْهَا حَافِظٌ.

**Okunuşu:** *"İn külli nefsil lemma aleyha hafiz." (Tarık, 4)*
**Anlamı:** Zaten hiçbir insan yoktur ki ( ilahi) gözetim ve koruma altında olmasın.

**7. Ayet**

إِنَّا نَحْنُ نَزَّلْنَا الذِّكْرَ وَإِنَّا لَهُ لَحَافِظُونَ.

**Okunuşu:** *"İnna nahnü nezzelne'z-zikre ve inna lehu le hafızun." (Hicr, 9)*
**Anlamı:** Elbette bu uyarıcı mesajı kaynağından indiren biziz; O'nu koruyacak olan da kesinlikle Biz olacağız Biz!

**8. Ayet**

وَكُنَّا لَهُمْ حَافِظِينَ.

**Okunuşu:** ***"Ve künna lehüm hafizin." (Enbiya, 82)***

**Anlamı:** Aslında onlara mukayyet olan da Biziz.

**9. Ayet**

وَرَبُّكَ عَلَى كُلِّ شَيْءٍ حَفِيظٌ.

**Okunuşu:** ***"Ve rabbüke ala külli şey'in hafiz." (Sebe, 21)***

**Anlamı:** Nitekim senin Rabbin her şeyi görüp gözetmektedir.

**10. Ayet**

اللَّهُ حَفِيظٌ عَلَيْهِمْ وَمَا أَنتَ عَلَيْهِم بِوَكِيلٍ.

**Okunuşu:** ***"Allahü hafizun aleyhim ve ma ente aleyhim bi vekil." (Şura, 6)***

**Anlamı:** Allah onları sürekli gözetim altında tutmaktadır; sen onların tercihinden asla sorumlu değilsin!

**11. Ayet**

وَعِندَنَا كِتَابٌ حَفِيظٌ.

**Okunuşu:** ***"Ve ındena kitabün hafiz." (Kaf, 4)***

**Anlamı:** Zira katımızda korunan( mahfuz) bir kitab mevcuttur.

## BÜYÜCÜLERİN KÖTÜLÜĞÜNÜ ÖNLEMEK İÇİN DUA

بِسْمِ اللَّهِ قَالَ سَنَشُدُّ عَضُدَكَ بِأَخِيكَ وَنَجْعَلُ لَكُمَا سُلْطَانًا فَلَا يَصِلُونَ
إِلَيْكُمَا بِآيَاتِنَا أَنتُمَا وَمَنِ اتَّبَعَكُمَا الْغَالِبُونَ.

**Okunuşu:** ***"Bismillah kale seneşüddü adudeke bi-ahike ve nec'alü leküma sültanen fela yesılune ileyküma bi ayatina. Entüma ve menittebeaküme'l-ğalibun."***

**Anlamı:** "Allah buyuruyor ki: Pazunu kardeşinle güçlendireceğiz ve sizin için bir saltanat kuracağız da size ulaşamayacaklar. Ayetlerimiz hakkı için, siz ve size uyanlar üstün geleceksiniz." (Kasas, 35)

## Bela ve Musibetten Çıkmak İçin Dua

اللَّهُمَّ احْفَظْنِي بِالإِسْلَامِ قَاعِداً وَاحْفَظْنِي بِالإِسْلَامِ قَائِماً وَاحْفَظْنِي بِالإِسْلَامِ رَاقِدًا وَلَا تُطِعْ فِيَّ عَدُوًّا حَاسِدًا وَأَعُوذُ بِكَ مِنْ شَرِّ مَا أَنْتَ آخِذٌ بِنَاصِيَتِهِ وَأَسْأَلُكَ مِنَ الْخَيْرِ الَّذِي هُوَ بِيَدِكَ كُلِّهِ.

**Okunuşu:** ***"Allahümmehfazni bi'l-İslami ka'ıden Va'hfazni bi'l-İslami kaimen va'hfazni bi'l-İslami rakıden vela tütı' fiyye 'adüvven hasiden ve e'uzü bike min şerri ma ente ahızün binasıyetihi ve es'eluke mine'l-hayrillezi hüve biyedike küllihi."***

**Anlamı:** "Allah'ım! Ayakta iken beni İslam ile koru, otururken beni İslam ile koru, uyurken beni İslam ile koru, hakkımda hiçbir düşman ve hasetçinin isteğini yerine getirme. Perçeminden tuttuğun şeylerin şerrinden Sana sığınırım. Her türlü hayrı Senden isterim ki bütün hayırlar Senin elindedir." (İbn Hıbban, Ed'ıye, No: 934)

## Fitnelerin Şerrinden Allah'a Sığınmak İçin dua

اللَّهُمَّ فَإِنِّي أَعُوذُ بِكَ مِنْ فِتْنَةِ النَّارِ وَعَذَابِ النَّارِ وَفِتْنَةِ الْقَبْرِ وَعَذَابِ الْقَبْرِ وَمِنْ شَرِّ فِتْنَةِ الْغِنَى وَمِنْ شَرِّ فِتْنَةِ الْفَقْرِ وَأَعُوذُ بِكَ مِنْ شَرِّ فِتْنَةِ مَسِيحِ الدَّجَّالِ. اللَّهُمَّ اغْسِلْ خَطَايَايَ بِمَاءِ الثَّلْجِ وَالْبَرَدِ وَنَقِّ قَلْبِي مِنَ الْخَطَايَا كَمَا

نَقَّيْتَ الثَّوْبَ الأَبْيَضَ مِنَ الدَّنَسِ وَبَاعِدْ بَيْنِي وَبَيْنَ خَطَايَايَ كَمَا بَاعَدْتَ بَيْنَ
الْمَشْرِقِ وَالْمَغْرِبِ. اللَّهُمَّ فَإِنِّي أَعُوذُ بِكَ مِنَ الْكَسَلِ وَالْهَرَمِ وَالْمَأْثَمِ وَالْمَغْرَمِ.

**Okunuşu:** ***(Allahümme feinni euzü bike min fitneti'n-nari ve azabi'n-nari,ve fitneti'l-kabri, ve azabi'l-kabri ve min şerri fitneti'l-ğina ve min şerri fitneti'l-fakri, ve euzü bike min şerri fitneti'l-mesıhi'd-deccal.Allahümmağsil hatayaye bimai's-selci ve'l beredi, ve nakkı kalbı mine'l-hataya kema nekkayte's-sevbe'l-ebyada mine'd-denesi ve baid beynı ve beyne hatayaye kema baette beyne'l-meşrıki ve'l-mağribi. Allahümme feinnı euzü bike mine'l-keseli ve'l-herami ve'l-me'semi ve'l-mağrami).***

**Anlamı:** "Allah'ım! Cehennem fitnesinden ve cehennem azabından sana sığınırım. Kabir fitnesinden ve Kabir azabından sana sığınırım. Zenginlik fitnesinin şerrinden ve fakirlik fitnesinin şerrinden sana sığınırım. Deccal Mesih fitnesinden sana sığınırım. Allah'ım! Hatalarımı kar ve dolu suyu ile yıka. Kalbimi hatalardan arıt, tıpkı beyaz çamaşırı kirden arıttığın gibi. Doğu ile batıyı birbirinden ne kadar uzaklaştırmışsan, benide günahlardan o kadar uzaklaştır. Allah'ım! Tembellikten, ihtiyarlıktan, günahtan ve borçtan sana sığınırım." (Müslim,3/2078)

## ŞEYTANDAN KORUNMA DUALARI

**1. Dua**

أَعُوذُ بِوَجْهِ اللَّهِ الْكَرِيمِ وَبِكَلِمَاتِ اللَّهِ التَّامَّاتِ الَّتِي لاَ يُجَاوِزُهُنَّ بَرٌّ وَلاَ
فَاجِرٌ مِنْ شَرِّ مَا خَلَقَ وَذَرَأَ وَبَرَأَ وَمِنْ شَرِّ مَا يَنْزِلُ مِنَ السَّمَاءِ وَمِنْ شَرِّ مَا
يَعْرُجُ فِيهَا وَمِنْ شَرِّ مَا ذَرَأَ فِي الأَرْضِ وَمِنْ شَرِّ مَا يَخْرُجُ مِنْهَا وَمِنْ شَرِّ
فِتَنِ اللَّيْلِ وَالنَّهَارِ وَمِنْ شَرِّ كُلِّ طَارِقٍ إِلاَّ طَارِقاً يَطْرُقُ بِخَيْرٍ يَا رَحْمَانُ.

**Okunuşu:** *"Euzü bi vechillahi'l-kerimi ve bi kelimatillahi't-tammati'l-letti la yücavizühünne berrün vela facirün min şerri ma halaka ve zere'e ve beree ve min şerri ma yenzilü mine's-semai ve min şerri ma ya'rucu fiha ve min şerri ma zera'a fi'l-ardı ve min şerri ma yahrucu minha ve min şerri fiteni'l-leyli ve'n-neharı ve min şerri külli tarıkın illa tarıkan yatruku bi hayrin ya Rahman!"*

**2. Dua**

بِسْمِ اللّٰهِ الَّذِي لاَ يَضُرُّ مَعَ اسْمِهِ شَيْئٌ فِي الأَرْضِ وَلاَ فِي السَّمَاءِ وَ هُوَ السَّمِيعُ الْعَلِيمُ.

**Okunuşu:** *"Bismillahihillezi la yedurru maasmihi şey'ün fi'l-ardı ve la fi's-semai ve hüve's-semiu'l-âlim."*

**Anlamı:** "Sığınırım Allah'ın adına ki, yerde ve gökte hiçbir şey O'nun adına sığınana zarar veremez. O (yalvaranın iniltisini) işitici ve (halini) bilicidir."

**Dua ile ilgili bilgi:** Osman b. Affan (r.a.)'dan rivayet edildiğine göre, Rasulullah (s.a.v.) şöyle buyurur: "Her sabah-akşam üç defa bu duayı okuyana hiçbir şey zarar veremez.

**3. Dua**

حَسْبِيَ اللّٰهُ لاَ إِلَهَ إِلاَّ هُوَ عَلَيْهِ تَوَكَّلْتُ وَ هُوَ رَبُّ الْعَرْشِ الْعَظِيمِ.

**Okunuşu:** *"Hasbiyallahu la ilahe illahu, aleyhi tevekkeltü ve hüve rabbü'l-arşi'l-azim."*

**Anlamı:** "Allah bana yeter. O'ndan başka ilah yoktur. Ben O'na dayanmaktayım ve O, büyük arşın sahibidir."

# GÜNAHLARDAN VAZGEÇTİĞİNİN İLANI İÇİN OKUNACAK DUA

اللَّهُمَّ إِنِّي ظَلَمْتُ نَفْسِي ظُلْماً كَثِيراً وَلاَ يَغْفِرُ الذُّنُوبَ إِلاَّ أَنْتَ
فَاغْفِرْلِي مَغْفِرَةً مِنْ عِنْدِكَ وَارْحَمْنِي إِنَّكَ أَنْتَ الْغَفُورُ الرَّحِيمُ.

**Okunuşu:** ***"Allahümme inni zalemtü nefsi zulmen kesiran ve la yeğfiru'z-zünube illa ente feğfirli meğfiratem min'ındike verhamni inneke ente'l-ğafuru'r-rahim."***

**Anlamı:** "Allah'ım! Ben gerçekten nefsime çok zulmettim, günahları ancak Sen bağışlarsın, beni katından bir mağfiret ile bağışla, bana merhamet et, şüphesiz Sen çok bağışlayansın, çok merhametli olansın." (Tirmizi, De'avat, 98)

## Affedilmek İçin okunacak dua

لاَ إِلَهَ إِلاَّ اللَّهُ الْحَلِيمُ الْكَرِيمُ. لاَ إِلَهَ إِلاَّ اللَّهُ الْعَلِيُّ الْعَظِيمُ .
سُبْحَانَ اللَّهِ رَبِّ الْعَرْشِ الْعَظِيمِ. الْحَمْدُ لِلَّهِ رَبِّ الْعَالَمِينَ.

**Okunuşu:** ***(La ilahe illallahul halimul kerim,la ilahe illallahu'l-aliyyül azim, sübhanallahi Rabbil arşil azim,elhamdü lillahi Rabbil alemin).***

**Anlamı:** "Halim ve Sabırlı Allah'tan başka ilah yoktur, yüce ve büyük Allah'tan başka ilah yoktur, yüce ve büyük arş'ın sahibi Allah noksanlardan münezzehtir. Hamd, alemlerin Rabbi Allah'a mahsustur" (Taberani Es-sağır, 1/127,270)

**Dua İle ilgili bilgi:** Hz. Ali (r.a) anlatıyor:Resulullah (s.a.v.) bana: "Sana birkaç kelime öğretiyim mi, ki onları söylediğin takdirde affedilmemiş günahların affedilsin? dedi ve bu duayı okudu.

## Cehalet ve Hatadan Dönüş Duası

رَبِّ اغْفِرْلِي خَطِيئَتِي وَجَهْلِي وَإِسْرَافِي فِي أَمْرِي كُلِّهِ وَمَا أَنْتَ أَعْلَمُ بِهِ مِنِّي.
اللَّهُمَّ اغْفِرْلِي خَطَايَايَ وَعَمْدِي وَجَهْلِي وَهَزْلِي وَكُلُّ ذَلِكَ عِنْدِي.
اللَّهُمَّ اغْفِرْلِي مَا قَدَّمْتُ وَمَا أَخَّرْتُ وَمَا أَسْرَرْتُ وَمَا أَعْلَنْتُ أَنْتَ الْمُقَدِّمُ وَأَنْتَ الْمُؤَخِّرُ وَأَنْتَ عَلَى كُلِّ شَيْءٍ قَدِيرٌ.

**Okunuşu:** ***"Rabbiğfirli hatieti ve cehli ve israfi fi emri küllihi ve ma ente e'lemü bihi minni. Allahümme'ğfirli hatayaye ve 'amdi ve cehli ve hezli ve küllü zalike 'ındi. Allahümme'ğfirli ma kaddemtü ve ma ahhartü ve ma esrartü ve ma e'lentü ente'l-mükaddimü ve ente'l-müe'hhıru ve ente 'ala külli şey'in kadir."***

**Anlamı:** "Rabbim! Bütün işlerimdeki ölçüsüzlüğümü, cahilliğimi ve hatamı bağışla. Sen bunları benden daha iyi biliyorsun. Allah'ım! Hatalarımı, bilerek, cahillikle ve dalgınlıkla yaptığım kusurlarımı bağışla. Bunların hepsi bende mevcuttur. Allah'ım! Yaparak ve geciktirerek işlediğim, açıktan ve gizli olarak işlediğim kusurlarımı bağışla. Sen, öne alan ve önce olansın. Sen, geriye bırakan ve sonsuz olansın. Senin her şeye gücün yeter." (Buhari, De'avat, 60; Müslim, Dua, 70; bk. Hâkim, De'avat, No: 1883, I, 511; İbn Hıbban, Ed'ıye, No: 954, 957; İbn Ebi Şeybe, Dua, No: 29383)

## Zilletten Allah'a Sığınmak İçin okunacak dua

اللَّهُمَّ إِنِّي أَعُوذُ بِكَ مِنَ الْفَقْرِ وَمِنَ الْقِلَّةِ وَمِنَ الذِّلَّةِ وَأَنْ أَظْلِمَ أَوْ أُظْلَمَ.

**Okunuşu:** ***(Allahümme innı euzü bike mine'l-fakri ve mine'l-kılleti ve mine'z-zilleti ve en ezlıme ev uzleme)***

**Anlamı:** "Allah'ım! Fakirlikten, yoksulluktan, zilletten; zulmetmekten, zulme uğramaktan sana sığınırım."(Nesei,8/261)

### Açıklayamadığı Günahtan Sığınma Duası

اللَّهُمَّ اغْفِرْلِي مَا أَسْرَرْتُ وَما أَعْلَنْتُ وَمَا أَخْطَأْتُ وَمَا عَمَدْتُ وَمَا عَلِمْتُ وَمَا جَهِلْتُ.

**Okunuşu:** ***"Allahümme'ğfirli ma esrartü ve ma e'lentü ve ma ahta'tü ve ma 'amedtü ve ma 'alimtü ve ma cehiltü."***

**Anlamı:** "Allah'ım! Gizli olarak işlediğim günahlarımı, açıktan işlediğim günahlarımı, hataen işlediğim ve bilerek yaptığım günahlarımı, bildiğim ve bilmediğim bütün günahlarımı bağışla." (Hâkim, De'avat, No: 1880, I, 510; bk. İbn Ebi Şeybe, Dua, No: 2943)

### Hata ve Günahtan Arınma Duası

اللَّهُمَّ اغْسِلْ خَطَايَايَ بِمَاءِ الثَّلْجِ وَالْبَرَدِ وَنَقِّ قَلْبِي مِنْ الخَطَايَا كَمَا نَقَّيْتَ الثَّوْبَ الأَبْيَضَ مِنَ الدَّنَسِ وَبَاعِدْ بَيْنِي وَبَيْنَ خَطَايَايَ كَمَا بَاعَدْتَ بَيْنَ الْمَشْرِقِ وَالْمَغْرِبِ.

**Okunuşu:** ***"Allahümmeğsil hatayaye bi-mai's-selci ve'l-beradi ve nekki kalbi mine'l-hataya kema nekkayte-sevbe'l-ebyada mine'd-denesi ve ba'ıd beyni ve beyne hatayaye kema ba'adte beyne'l-meşrikı ve'l-meğribi."***

**Anlamı:** "Allah'ım! Hatalarımı kar ve soğuk su ile temizle, kalbimi hatalardan beyaz elbiseleri kirlerden temizlediğin gibi temizle, benimle günahlarımın arasını doğu ile batı arası kadar uzaklaştır." (Buhari, De'avat, 38, 43-45; Müslim, Dua, 49; Tirmizi, De'avat, 77; Nesai, İsti'zan, 17; İbn Hıbban, Ed'ıye, No: 955-956)

# İYİLERDEN OLMAK İÇİN OKUNACAK DUALAR

رَبِّ اغْفِرْلِي خَطِيئَتِي وَعَمْدِي اللَّهُمَّ اهْدِنِي لِصَالِحِ الأَعْمَالِ وَالأَخْلاَقِ
إِنَّهُ لاَ يَهْدِي لِصَالِحِهَا وَلاَ يَصْرِفُ عَنْ سَيِّئِهَا إِلاَّ أَنْتَ.

**Okunuşu:** *"Allahümme'ğfirli hatieti ve 'amdi. Allahümmehdini li-salihı'l-a'mali ve'l-ahlakı innehu la yehdi li-salihıha ve la yasrifü'an seyyi'iha illa ente."*

**Anlamı:** "Allah'ım! Bilerek ve hata ile işlediğim günahlarımı bağışla. Allah'ım! Bana işlerin ve ahlakın en iyisini nasip et. İşlerin ve ahlakın en iyisini ancak sen nasip edersin, kötüsünden de ancak sen alıkoyarsın." (Heysemi, Ed'ıye, 33, No:17365)

## Din ve Dünyanın Düzene Girmesi İçin Dua

اللَّهُمَّ اصْلِحْ لِي دِينِي الَّذِي هُوَ عِصْمَةُ أَمْرِي. وَأَصْلِحْ لِي دُنْيَايَ الَّتِي
فِيهَا مَعَاشِي. وَأَصْلِحْ لِي آخِرَتِي الَّتِي فِيهَا مَعَادِي. وَاجْعَلِ الْحَيَاةَ
زِيَادَةً لِي فِي كُلِّ خَيْرٍ وَاجْعَلِ الْمَوْتَ رَاحَةً لِي مِنْ كُلِّ شَرٍّ.

**Okunuşu:** *"Allahümm'eslıhli dini ellezi hüve 'ısmetü emri. Ve aslıhli dünyayelleti fiha me'aşi. Ve aslıhli ahırati'l-leti fiha me'adi. Vec'ali'l-hayate ziyadetelli fi külli hayrin. Vec'ali'l-mevte rahatelli min külli şerrin."*

**Anlamı:** "Allah'ım! Her işimin koruyucusu olan dinim ile beni ıslah eyle, kurtuluşa erdir. İçinde yaşadığım, geçimimi sağladığım dünyamı benim için ıslah eyle, hayırlı kıl. Gidip ebedi yaşayacağım ahiret hayatımı benim için hayırlı eyle. Hayatımda her türlü hayrı ziyadesiyle ihsan eyle. Ölümümü de her türlü şerlerden muhafaza eyle." (Müslim, Dua, 71)

## ALLAH VE RESULÜNÜ SEVME DUASI

اللَّهُمَّ إِنِّي أَسْأَلُكَ حُبَّكَ وَحُبَّ مَنْ يُحِبُّكَ وَ العَمَلَ الَّذِي يُبَلِّغُنِي حُبَّكَ.

اللَّهُمَّ اجْعَلْ حُبَّكَ أَحَبَّ إِلَيَّ مِنْ نَفْسِي وَأَهْلِي وَمِنَ الْمَاءِ الْبَارِدِ.

**Okunuşu:** ***"Allahümme inni es'eluke hubbeke ve hubbe men yühıbbüke ve'l-amele'l-lezi yübelliğuni hubbeke. Allahümmec'al hubbeke ehabbu ileyye min nefsi ve ehli ve mine'l-mai'l-baridi."***

**Anlamı:** "Allah'ım! Sevgini, seni seven kimsenin sevgisini ve sevgine ulaştıracak ameli istiyorum. Allah'ım! Sevgini, bana canımdan, ailemden ve soğuk sudan daha sevimli eyle." (Tirmizi, De'avat, 74)

## İBADETLERİ SEVME DUASI

اللَّهُمَّ ارْزُقْنِي حُبَّكَ وَحُبَّ مَنْ يَنْفَعُنِي حُبُّهُ عِنْدَكَ. اللَّهُمَّ مَا رَزَقْتَنِي مِمَّا أُحِبُّ فَاجْعَلْهُ قُوَّةً لِي فِيمَا تُحِبُّ. اللَّهُمَّ مَا زَوَيْتَ عَنِّي مِمَّا أُحِبُّ فَاجْعَلْهُ فَرَغاً لِي فِيمَا تُحِبُّ.

**Okunuşu:** ***"Allahümmerzükni hubbeke ve hubbe meyyenfe'uni hubbühü 'ındeke. Allahümme ma razekteni mimma ühıbbü fec'alhü kuvvetel-li fima tühıbbü. Allahümme ma zeveyte 'anni mimma ühıbbü fec'alhü ferağal-li fima tühıbbü."***

**Anlamı:** "Allah'ım! Bana sevgini, Senin katında sevgisi bana fayda verecek kimsenin sevgisini ihsan eyle. Allah'ım! Sevdiklerimden bana verdiğin nimetleri sevdiğin şeyler için bana kuvvet kıl. Allah'ım! Sevdiklerimden geri aldığın şeyleri, sevdiğin şeyleri (yapmam) için bana boş zaman kıl." (Tirmizi, De'avat, 75)

## ZALİM VE KÖTÜLERE KARŞI YARDIM DUASI

رَبِّ أَعِنِّي وَلا تُعِنْ عَلَيَّ وَانْصُرْنِي ولا تَنْصُرْ عَلَيَّ وَامْكُرْ لِي ولا تَمْكُرْ عَلَيَّ وَاهْدِنِي وَيَسِّرْ لِي الْهُدَى وَانْصُرْنِي عَلَى مَنْ بَغَى عَلَيَّ.

رَبِّ اجْعَلْنِي لَكَ شَكَّاراً لَكَ ذَكَّاراً لَكَ رَهَّابًا لَكَ مِطْوَاعًا لَكَ مُخْبِتًا إِلَيْكَ أَوَّاهًا مُنِيبًا رَبِّ تَقَبَّلْ تَوْبَتِي وَاغْسِلْ حَوْبَتِي وَأَجِبْ دَعْوَتِي وَثَبِّتْ حُجَّتِي وَسَدِّدْ لِسَانِي وَاهْدِ قَلْبِي وَاسْلُلْ سَخِيمَةَ صَدْرِي.

**Okunuşu:** ***"Rabbi e'ınni ve la tu'ni 'aleyye vensurni ve la tensur 'aleyye vemkürli ve la temkür 'aleyye vehdini ve yessirli'l-hüda vensurni 'ala men beğa 'aleyye. Rabbic'alni leke şekkaran, leke zekkaran, leke rahhaben, leke mıtva'an leke muhbiten, ileyke evvahen müniba. Rabbi tekabbel tevbeti, va'ğsil havbeti, ve ecib da'veti, ve sebbit hucceti, ve seddid lisanı, vehdi kalbi, veslül sehimete sadri."***

**Anlamı:** "Rabbim! Bana yardım et, aleyhime olan şeylere yardım etme. Bana zafer ver, aleyhime zafer verme. Lehime tertip kur, aleyhime tertip kurma. Bana hidayet et ve hidayeti bana kolaylaştır. Bana zulmeden kimseye karşı yardım et. Rabbim! Beni Sana çok şükreden, Seni çok zikreden, Senden çok korkan, Sana itaat eden, Sana saygı gösteren, Sana yönelen ve tövbe eden kimsen yap. Rabbim! Tövbemi kabul et, günahımı temizle, duamı kabul buyur, delilimi sabit kıl, dilimi doğru yap, kalbime hidayet ver, göğsümün kin ve hasedini çıkar." (Tirmizi, De'avat, 114; İbn Hıbban, Ed'ıye, No:947; İbn Ebi Şeybe, Dua, No: 29381)

### Zalim Bir Yöneticiden (kişiden) Korkunca Okunacak Dua

اللَّهُ أَكْبَرُ اللَّهُ أَعَزُّ مِنْ خَلْقِه جَمِيعاً اللَّهُ أَعَزُّ مِمَّا أَخَافُ وَأَحْذَرُ أَعُوذُ بِاللهِ الَّذِي لاَ إِلَهَ إِلَّا هُوَ الْمُمْسِكُ السَّمَاوَاتِ السَّبْعِ أَنْ يَقَعْنَ عَلَى

الأَرْضِ إلاَّ بإذْنِه مِنْ شَرِّ عَبْدِكَ فُلاَنٍ وَجُنُودِه وَأَتْبَاعِه وَأشْيَاعِه مِنْ الْجِنِّ وَالإِنْسِ اللَّهُمَّ كُنْ لِي جَاراً مِنْ شَرِّهِمْ جَلَّ ثَنَاؤُكَ وَعَزَّ جَارُكَ وَتَبَارَكَ اسْمُكَ وَلاَ إلَهَ غَيْرُكَ.

**Okunuşu:** ***(Allahu ekberu,Allahu eazzü min halkıhı cemian,Allahu eazzü mimma ehafü ve ahzeru, ve euzü billahillezı la ilahe illa hu, el-mümsikü's-semavati's-seb'i en yeka'ne ale'l-ardı illa biiznihı, min şerri abdike fülanin vecünudihı ve etbaihı ve eşyaihı, mine'l-cinni ve'l-ins. Allahümme kün lı caren min şerrihim.Celle senaük, ve azze carük, ve tebarekesmük,vela ilahe ğayruk)***

**Anlamı:** "Allah en büyüktür,Allah bütün yaratıklarından daha güçlüdür.Allah, benim korktuğum ve çekindiğimden daha güçlüdür. Kendisinden başka ilah olmayan Allah'a sığınırım. Gökleri yerin üzerine izni olmadan düşmekten o tutar.Bu kulunun askerlerinin, adamlarının, cinlerden olsun, insanlardan olsun, taraftarlarının şerrinden Allah'a sığınırım. Allah'ım! Beni onların şerrinden koru. Senin şanın yücedir. Koruduğun azizdir. Adın mübarektir. Senden başka ilah yoktur."(Buhari, Edebü'l-müfred, 309, 310)

## ALLAH'TAN İSTENECEK TÜM İYİLİKLERİN DUASI

اللَّهُمَّ إِنِّي أَسْأَلُكَ الثَّبَاتَ فِي الأَمْرِ. وَأَسْأَلُكَ عَزِيمَةَ الرُّشْدِ. وَأَسْأَلُكَ شُكْرَ نِعْمَتِكَ وَحُسْنَ عِبَادَتِكَ. وَأَسْأَلُكَ لِسَانًا صَادِقًا وَقَلْباً سَلِيماً. وَأَعُوذُ بِكَ مِنْ شَرِّ مَا تَعْلَمُ وَأَسْأَلُكَ مِنْ خَيْرِ مَا تَعْلَمُ. وَأَسْتَغْفِرُكَ مِمَّا تَعْلَمُ إِنَّكَ أَنْتَ عَلاَّمُ الْغُيُوبِ.

**Okunuşu:** *"Allahümme inni es'elüke's-sebate fi'l-emri. Ve es'elüke 'azimete'r-ruşdi. Ve es'elüke şükra ni'metike ve husne 'ıbadetike. Ve es'elüke lisanen sadikan ve kalben selimen. Ve e'uzü bike min şerri ma te'lemü Ve es'elüke min hayri ma te'lemü Ve esteğfiruke mimma te'lemü inneke ente 'allamü'l-ğuyub."*

**Anlamı:** "Allah'ım! Senden dinde sebat etmemi istiyorum.Senden doğrulukta kararlı olmak istiyorum. Senden nimetlerine şükretmek ve ibadetlerini en güzel biçimde yapmak istiyorum. Senden doğru söyleyen bir dil, sağlıklı ve sana teslim olan bir kalp istiyorum. Bildiğin her zararlı şeyin şerrinden sana sığınıyorum. Bildiğin her hayırlı şeyi istiyorum. Bildiğin her günah için bağışlamanı diliyorum. Sen gizli olan şeyleri çok iyi bilensin(Tirmizi,De'avat,23;İbn,Ebı Şeybe,Dua,No:2949)

## BİLİNEN VE BİLİNMEYEN ŞEYLERDEN SIĞINMA DUALARI

اَللهُمَّ أَلِّفْ بَيْنَ قُلُوبِنا وَأَصْلِحْ ذَاتَ بَيْنِنَا وَاهْدِنا سُبُلَ السَّلامِ وَنَجِّنا مِنَ الظُّلُماتِ إِلَى النُّورِ وَجَنِّبْنا الفَواحِشَ ما ظَهَرَ مِنْها وَما بَطَنَ وَبارِكْ لَنا فِي أَسْماعِنا وَأَبْصارِنا وَقُلُوبِنا وَأَزْواجِنا وَذُرِّيّاتِنا وَتُبْ عَلَيْنا إِنَّكَ أَنْتَ التَّوّابُ الرَّحِيمُ وَاجْعَلْنا شاكِرِينَ لِنِعَمِكَ مُثْنِينَ بِها عَلَيْكَ قابِلِينَ لَها وَأَتِمَّها عَلَيْنا.

**Okunuşu:** *"Allahümme ellif beyne kulubina.Ve aslih zate beynina,vehdina sübüle's-selam, ve neccina mine'z-zulümati ile'n-nur,ve cennibne'l-fevahışe ma zahara minha ve ma batane.Ve barik lena fi esma'ına ve ebsarina ve kulubina ve ezvacina ve zürriyyatina.Ve tüb 'aleyna inneke ente't-tevvabü'r-rahim.Vec'alna şakirine li-ni'amike müsnine biha 'aleyke kabiline leha ve etimmeha 'aleyna."*

**Anlamı:** "Allah'ım! Kalplerimizi birleştir, aramızı ıslahet, bize kurtuluş yollarını göster, bizi karanlıklardan aydınlığa çıkar, bizi her türlü çirkinliklerden,açığından ve gizlisinden uzaklaştır. Bize kulaklarımızı, gözlerimizi, kalplerimizi, eşlerimizi ve neslimizi mübarek eyle. Tövbelerimizi kabul eyle, şüphesizki sen tövbeleri çok kabul edensin, çok merhametlisin. Bizi nimetlerine şükredenler, nimetlerinle seni övenler, verdiğin nimetleri kabul edenler eyle ve bize nimetlerin devamını ihsan eyle." (Hakim, De'avat, No;977;İbn Hıbban,Ed'ıye,No:996)

## Tasa, Gam, Sıkıntı Ve Çileye Karşı Dua

اللَّهُمَّ فَارِجَ الْهَمِّ كَاشِفَ الْغَمِّ وَمُجِيبَ دَعْوَةِ الْمُضْطَرِّينَ رَحْمَانَ الدُّنْيَا وَالآخِرَةِ وَ رَحِيمَهُمَا أَنْتَ تَرْحَمُنِي فَارْحَمنِي بِرَحْمَةٍ تُغْنِينِي بِهَا عَنْ رَحْمَةٍ مِنْ سِوَاكَ.

**Okunuşu:** ***"Allahümme farice'l-hemmi,kaşife'l-ğammi, mücibe da'veti'l-muttarrine rahmane'd-dünya ve'l-ahırati ve rahimehüma ente terhamüni ferhamni bi-rahmetin tüğnini biha 'an rahmetin min sivake."***

**Anlamı:** "Kederleri gideren, sıkıntıları kaldıran, zor durumda kalanların dualarını kabul eden, dünya ve ahretin Rahmanı ve Rahimi olan Allah'ım! Bana ancak sen merhamet edersin, bana Senden başka hiç kimsenin merhametine ihtiyaç duymayacak bir merhamet ihsan eyle." (Hâkim, De'avat, No: 1898)

## Acizlikten vb. Kusurlardan Allah'a Sığınmak İçin okunacak dua

اللَّهُمَّ إِنِّي أَعُوذُ بِكَ مِنَ الْعَجْزِ وَالْكَسَلِ وَالْبُخْلِ وَالْجُبْنِ وَالْهَرَمِ وَعَذَابِ الْقَبْرِ. اللَّهُمَّ آتِ نَفْسِي تَقْوَاهَا وَزَكِّهَا أَنْتَ خَيْرُ مَنْ زَكَّاهَا أَنْتَ وَلِيُّهَا

وَمَوْلَاهَا. اللَّهُمَّ إِنِّي أَعُوذُ بِكَ مِنْ قَلْبٍ لَا يَخْشَى وَمِنْ نَفْسٍ لَا تَشْبَعُ وَعِلْمٍ لَا يَنْفَعُ وَدَعْوَةٍ لَا يُسْتَجَابُ.

**Okunuşu:** *(Allahümme inni euzü bike minel aczi velkeseli velbuhli velcübni vel heremi ve azabil kabri. Allahümme atı nefsi takvaha ve zekkiha ente hayru men zekkaha ente veliyyuha ve mevlaha.Allahümme inni euzü bike min kalbin la yahşa, ve min nefsin la teşba,ve ilmin la yenfa, ve davetin la yüstecab)*

**Anlamı:** "Allah'ım! Acizlikten, tembellikten, cimrilikten, korkaklıktan, ihtiyarlıktan ve kabir azabından sana sığınırım. Nefsimin sahibi sensin. Allah'ım! Titremeyen kalpten, doymayan nefisten, fayda sağlamayan ilimden ve kabul olunmayan duadan sana sığınırım."

## Ailenin Korunması İçin Dua

اللَّهُمَّ إِنِّي أَسْأَلُكَ العَفْوَ وَالْعَافِيَةَ فِي دِينِي وَدُنْيَايَ وَأَهْلِي وَمَالِي اللَّهُمَّ اسْتُرْ عَوْرَاتِي وَآمِنْ رَوْعَاتِي. اللَّهُمَّ احْفَظْنِي مِنْ بَيْنِ يَدَيَّ وَمِنْ خَلْفِي وَعَنْ يَمِينِي وَعَنْ شِمَالِي وَمِنْ فَوْقِي وَأَعُوذُ بِعَظَمَتِكَ أَنْ إِغْتَالَ مِنْ تَحْتِي.

**Okunuşu:** *"Allahümme inni es'elüke'l-'afve ve'l-afiyete fi dini ve dünyaye ve ehli ve mali. Allahümmestür 'avrati ve amin rav'ati. Allahümme'hfazni min beyni yedeyye ve min halfi ve 'an yemini ve 'an şimali ve min fevki ve e'uzü bi-'azametike eniğtale min tahti."*

**Anlamı:** "Allah'ım! Dinim, dünyam, ailem ve malım hakkında af ve afiyet istiyorum. Allah'ım! Açıklarımı ört, korkularımı gider ve bana güven ver. Allah'ım! Beni; önümden, arkamdan, sağımdan, solumdan ve üstünden (gökten) gelecek tehlikelere karşı koru, altımdan (yerden) tehlikelerden Senin azametinle sığınırım." (Hâkim, De'avat, No: 1902, I, 517; İbn Hıbban, Ed'ıye, No: 961; İbn Ebi Şeybe, Dua, No: 2969)

## Cin, Şeytan Musallat Olduğu Zaman Okunacak Dua

أَعُوذُ بِوَجْهِ اللَّهِ الْكَرِيمِ وَبِكَلِمَاتِ اللَّهِ التَّامَّاتِ الَّتِي لاَ يُجَاوِزُهُنَّ بَرٌّ وَلاَ فَاجِرٌ مِنْ شَرِّ مَا يَنْزِلُ مِنَ السَّمَاءِ وَمِنْ شَرِّ مَا يَعْرُجُ فِيهَا وَمِنْ شَرِّ مَا ذَرَأَ فِي الأَرْضِ وَمِنْ شَرِّ مَا يَخْرُجُ مِنْهَا وَمِنْ فِتْنَةِ اللَّيْلِ وَالنَّهَارِ وَمِنْ طَوَارِقِ اللَّيْلِ وَالنَّهَارِ.

**Okunuşu:** ***(Euzü bivechillahi'l-kerim, vebikelimatillahi't, tammatillati la yücavizühünne berrün vela facirün min şerri ma yenzilü mine's-semai ve şerri ma ya'rücü fiha ve şerri ma zerae fi'l-ardı ve şerri ma yahrücü minha ve min fitneti'l-leyli ve'n-nehari ve min tevarikı'l-leyli ve'n-nehari)***

**Anlamı:** "Kerem sahibi Allah'ın zatına ve ne iyilerin ne de kötülerin geçemeyeceği noksansız kelimelerine sığınırım. Gökten inenin şerrinden ve göğe çıkanın şerrinden, yerde yarattıklarının şerrinden, yerden çıkanların şerrinden, gecenin ve gündüzün fitnelerinden, gece ve gündüz gelenlerin şerrinden Allah'a sığınırım. Ancak hayırla gelenler müstesnadır; Ey Rahman olan Rabbim!" (İmam Malik, Muvatta,2/950)

**Dua İle İlgili Bilgi:** Cabir (r.a.)'den: Peygamber (s.a.v.), "size cin, şeytan musallat olduğu zaman ezan okuyun" buyurdu.

Resulullah (s.a.v.) miraç gecesi, kendisini bir cinin elinde ateş alevi ile takip ettiğini gördü. Nereye baktı ise onu gördü. Cebrail (a.s.), "sana bir dua öğreteyim mi, ki onu okuduğun zaman elindeki alev söner, o da yüzükoyun yere düşer" dedi.Resullah (s.a.v.), "evet" deyince ,Cebrail, "bu kelimeleri söyle" dedi.(Nevevi,Ezkar, 196)

## Hainlikten Allah'a Sığınmak İçin okunacak dua

**Anlamı:** "Allah'ım! Açlıktan sana sığınırım; o, ne kötü arkadaştır; hainlikten sana sığınırım; o, ne kötü sırdaştır."(Nesei,8/263)

## Haksızlığa uğramaktan Allah'a sığınmak için okunacak dua

"Allah'ım! Yoksulluktan, fakirlikten, miskinlikten sana sığınırım. Haksızlık etmekten ve haksızlığa uğramaktan sana sığınırım.(Nesei, 8/ 261)

## Kaderden (kötü kaderden) Allah'a Sığınmak İçin okunacak dua

اللَّهُمَّ إِنِّي أَعُوذُ بِكَ مِنْ دَرَكِ الشَّقَاءِ وَشَمَاتَةِ الأَعْدَاءِ وَسُوءِ الْقَضَاءِ وَجَهْدِ الْبَلاَءِ.

**Okunuşu:** ***(Allahümme innı euzü bike min dereki'ş-şakai, ve şema teti'l-a'dai, ve sui'l-kadai, ve cehdi'l-belaı)***

**Anlamı:** "Allah'ım! Bedbahtlıktan, düşmanın gülmesinden, kötü kaderden ve zorlu beladan sana sığınırım." (Nesei, 8/269)

## Kalpten (Allah'dan korkmayan kalpten) Allah'a Sığınmak İçin okunacak dua

اللَّهُمَّ إِنِّي أَعُوذُ بِكَ مِنْ الأَرْبَعِ: مِنْ عِلْمٍ لاَ يَنْفَعُ وَمِنْ قَلْبٍ لاَ يَخْشَعُ وَمِنْ نَفْسٍ لاَ تَشْبَعُ وَمِنْ دُعَاءٍ لاَ يُسْمَعُ.

**Okunuşu:** ***(Allahümme innı euzü bike mine'l-erba: Min ilmin la yenfa, ve min kalbin la ya'şa, ve min nefsin la teşba, ve min duain la yüsma)***

**Anlamı:** "Allah'ım! Şu dört şeyden sana sığınırım : Fayda vermeyen ilimden, senden korkmayan kalpten, doymayan nefisten ve kabul olunmayan duadan." (Nesei, 8/263)

## HERŞEYİN "EN HAYIRLISINI" İSTEME DUASI

اللَّهُمَّ إِنِّي أَسْأَلُكَ خَيْرَ الْمَسْئَلَةِ وَ خَيْرَ الدُّعَاءِ وَخَيْرَ النَّجَاحِ وَخَيْرَ الْعَمَلِ وَخَيْرَ الثَّوَابِ وَخَيْرَ الْحَيَاةِ وَخَيْرَ الْمَمَاتِ. وَثَبِّتْنِي وَثَقِّلْ مَوَازِينِي وَحَقِّقْ إِيمَانِي وَارْفَعْ دَرَجَاتِي وَتَقَبَّلْ صَلَاتِي وَاغْفِرْ خَطِيئَتِي وَأَسْأَلُكَ الدَّرَجَاتِ الْعُلَى مِنَ الْجَنَّةِ. اللَّهُمَّ إِنِّي أَسْأَلُكَ فَوَاتِحَ الْخَيْرِ وَخَوَاتِمَهُ وَجَوَامِعَهُ وَأَوَّلَهُ وَظَاهِرَهُ وَبَاطِنَهُ وَالدَّرَجَاتِ الْعُلَى مِنَ الْجَنَّةِ آمِينَ. اللَّهُمَّ إِنِّي أَسْأَلُكَ خَيْرَ مَا آتِ وَخَيْرَ مَا أَفْعَلُ وَخَيْرَ مَا أَعْمَلُ وَخَيْرَ مَا بَطَنَ وَخَيْرَ مَا ظَهَرَ وَالدَّرَجَاتِ الْعُلَى مِنَ الْجَنَّةِ آمِينَ. اللَّهُمَّ إِنِّي أَسْأَلُكَ أَنْ تَرْفَعَ ذِكْرِي وَتَضَعَ وِزْرِي وَتُصْلِحَ أَمْرِي وَتُطَهِّرَ قَلْبِي وَتُحْسِنَ فَرْجِي وَتُنَوِّرَ لِي قَلْبِي وَتَغْفِرَ لِي ذَنْبِي. وَأَسْأَلُكَ الدَّرَجَاتِ الْعُلَى مِنَ الْجَنَّةِ آمِينَ.

اللَّهُمَّ إِنِّي أَسْأَلُكَ أَنْ تُبَارِكَ فِي نَفْسِي وَفِي سَمْعِي وَفِي بَصَرِي وَفِي رُوحِي وَفِي خَلْقِي وَخُلُقِي وَفِي أَهْلِي وَفِي مَحْيَايَ وَفِي مَمَاتِي وَفِي عَمَلِي فَتَقَبَّلْ حَسَنَاتِي وَأَسْأَلُكَ الدَّرَجَاتِ الْعُلَى مِنَ الْجَنَّةِ آمِينَ.

**Okunuşu:** *"Allahümme inni es'elüke hayra'l-mes'eleti ve hayrad-dü'ai ve hayra'n-necahi ve hayral 'ameli ve hayres-sevabi ve hayra'l-hayati ve hayral-memati. Ve sebbitni ve sekkıl mevazini ve hakkık imanı verfe'deracati ve tekabbel salati veğfir hatieti ve es'elüked-deracati'l-'ula mine'l-cenneti. Allahümme inni es'elüke fevatiha'l-hayri ve havatimehü ve cevami'ahu ve evvelehu ve zahirahu ve batınehu ve'd-deracati'l-'ula mine'l-cenneti, âmin. Allahümme inni es'elüke*

***hayra ma ati ve hayra ma ef'alü ve hayra ma a'malü ve hayra ma batane ve hayra ma zahera ved-deracati'l-'ula mine'l-cenneti, amin. Allahümme inni es'elüke en terfe'a zikri ve teda'a vizri ve tusliha emri ve tütahhira kalbi ve tuhsıne ferci ve tünevvira li kalbi ve teğfira li zenbi. Ve es'elüked-deracati'l-'ula mine'l-cenneti, amin. Allahümme inni es'elüke en tübarike li fi nefsi ve fi sem'i ve fi besari ve fi ruhi ve fi halki v fi huliki ve fi ehli ve fi mahyaye ve fi memati ve fi 'ameli fetekabbel hasenati ve es'elüke'd-deracati'l-'ula mine'l-cenneti, amin."***

**Anlamı:** "Allah'ım! Senden istenen şeylerin hayırlısını, duanın hayırlısını, kurtuluşun hayırlısını, işlerin hayırlısını, sevabın hayırlısını, hayatın hayırlısını, ölümün hayırlısını istiyorum. Beni dinimde sabit kıl, mizanda sevaplarımın ağır gelmesini nasip eyle, imanımı gerçek eyle, derecelerimi yükselt, namazımı kabul eyle, günahımı bağışla. (Allah'ım!) Senden cennette yüksek dereceler istiyorum. Allah'ım! Senden benim için hayırları açmanı, işlerimin hayırla sonuçlanmasını, önceki, açığı ve gizlisi ile her türlü hayırı, cennette yüksek dereceler istiyorum. (Allah'ım!) Duamı kabul eyle. Allah'ım! Senden gelecekte olacak şeylerin hayırlı olanlarını, yaptıklarımın hayırlısını, gizli şeylerin hayırlısını, açık olan şeylerin hayırlısını ve cennette yüksek dereceler istiyorum. (Allah'ım!) Duamı kabul eyle. Allah'ım! Senden şanımı yükseltmeni, günahlarımı silmeni, işlerimi ıslah etmeni, kalbimi temizlemeni, tenasül uzvumu korumanı, kalbimi nurlandırmanı, günahımı bağışlamanı ve cennette yüksek dereceler istiyorum. (Allah'ım!) Duamı kabul eyle. Allah'ım! Senden nefsim, kulağım, gözüm, ruhum, yaratılışım ve ahlakım, ailem, hayatım ve ölümüm ve işlerim hakkında benden razı ol, hayır ve hasenatımı kabul eyle ve cennette yüksek dereceler istiyorum. (Allah'ım!) Duamı kabul eyle." (Hâkim, De'avat, No: 1911)

### Hayırlı Bir İman İçin Dua

اللَّهُمَّ تَوَفَّنِي مَعَ الأَبْرَارِ وَلاَ تُخْلِفْنِي فِي الأَشْرَارِ وَالْحِقْنِي بِالأَخْيَارِ.

**Okunuşu:** ***(Allahümme teveffenı maa'l-ebrar, vela tuhlifnı fi'l-eşrar, ve elhıknı bi'l-ahyar)***

**Anlamı:** "Allah'ım! Canımı iyilerle beraber al,beni kötülerin içinde bırakma ve beni ermişler zümresine ilhak eyle."

## Hz. MUHAMMED (S.A.V)'İN İSTEDİĞİNİ İSTEME DUASI

اللَّهُمَّ إِنَّا نَسْأَلُكَ مِنْ خَيْرِ مَا سَأَلَكَ مِنْهُ نَبِيُّكَ مُحَمَّدٌ - صلى الله عليه وسلم - وَنَعُوذُ بِكَ مِنْ شَرِّ مَا اسْتَعَاذَ مِنْهُ نَبِيُّكَ مُحَمَّدٌ - صلى الله عليه وسلم - وَأَنْتَ الْمُسْتَعَانُ وَعَلَيْكَ الْبَلاَغُ وَلاَ حَوْلَ وَلاَ قُوَّةَ إِلاَّ بِاللهِ.

**Okunuşu:** ***"Allahümme inna nes'elüke min Hayri ma se'eleke minhü nebiyyüke Muhammedün (s.a.v.) Ve ne'uzü bike min şerri meste'aze minhü nebiyyüke Muhammedün (s.a.v.). Ve ente'l-müsteanü ve 'aleyke'l-belağu ve la havle ve la kuvvete illa billâh."***

**Anlamı:** "Allah'ım! Biz Peygamberin Muhammed (s.a.v.)'in Senden istediği hayırlı şeyleri istiyoruz. Yine Peygamberin Muhammed (s.a.v.)'in Sana sığındığı şeylerden biz de Sana sığınıyoruz. Sen yardım istenilensin, dualar ancak sana ulaşır, duaları sen kabul edersin, güç ve kuvvet ancak Allah ile birlikte vardır." (Tirmizi, De'avat, 94)

## YANGIN VE AFETLERDEN KORUNMA DUASI

اللَّهُمَّ أَنْتَ رَبِّي لاَ إِلَهَ إِلاَّ أَنْتَ عَلَيْكَ تَوَكَّلْتُ وَأَنْتَ رَبُّ الْعَرْشِ الْعَظِيمِ. لاَ حَوْلَ وَلاَ قُوَّةَ إِلاَّ بِاللهِ الْعَلِيِّ الْعَظِيمِ مَا شَاءَ اللهُ كَانَ وَمَا لَمْ يَشَأْ لَمْ يَكُنْ. أَعْلَمُ أَنَّ اللهَ عَلَى كُلِّ شَيْءٍ قَدِيرٌ. وَأَنَّ اللهَ قَدْ أَحَاطَ بِكُلِّ شَيْءٍ

عِلْماً وَ أَحْصَى كُلَّ شَيْءٍ عَدَداً. اللَّهُمَّ إِنِّي أَعُوذُ بِكَ مِنْ شَرِّ كُلِّ نَفْسِي
وَمِنْ شَرِّ كُلِّ دَابَّةٍ أَنْتَ آخِذٌ بِنَاصِيَتِهَا إِنَّ رَبِّي عَلَى صِرَاطٍ مُسْتَقِيمٍ.

**Okunuşu:** *"Allahümme ente rabbi la ilahe illa ente aleyke tevekkeltü ve ente rabbü'l-arşi'l-azimi la havle ve la kuvvete illa billahi'l-aliyyi'l-azimi maşaallahü kane ve ma lem yeşau lem yekün a'lemu ennallahe ala külli şey'in kadirun ve ennallahe kad ehate bi külli şey'in ilmen ve ahsa külle şey'in adeda, Allahümme inni euzübike min şerri külli nefsin ve min şerri külli dabbetin ente ahizün binasiyetiha inne rabbi ala sıratın müstakim."*

**Anlamı:** "Allah'ım! Sen, benim Rabbimsin. Sen'den başka ilah yoktur. Sana güvendim, Sen o muazzam arşın sahibisin. Yüce ve kudretli Allah'tan başka sığınacak kimse yoktur. Allahu Teala ne dilerse o olur, her kudret ve kuvvet O'nun elindedir. O her şeyi bilir ve her şeyin sayısını bilir. Allah'ım, her kötü mahlûktan, hayvandan ve her afetten Sana sığınırım. Her şeyin idaresi yed-i kudretindedir. Allah'ım, beni Senin doğru ve hak yolundan ayırma."

## Deprem, yangın, sel gibi afetlerden korunmak için okunacak dualar

**1. Dua**

بِسْمِ اللّهِ الَّذِي لاَ يَضُرُّ مَعَ اسْمِهِ شَيْئٌ فِي الأَرْضِ وَلاَ فِي السَّمَاءِ وَ هُوَ السَّمِيعُ الْعَلِيمُ.

**Okunuşu:** *"Bismillahi ellezi la yedurru maasmihi şey'ün fi'l-ardı ve la fi's-semai ve hüve's-semiu'l-âlim."*

**Anlamı:** "Sığınırım o Allah'ın adına ki, yerde ve gökte hiçbir şey O'nun adına sığınana zarar veremez. O (yalvaranın iniltisini) işitici ve (halini) bilicidir." (Ebu Davud)

**Dua ile ilgili bilgi:** Osman b. Affan (r.a) 'dan rivayet edildiğine göre, Resulullah (s.a.v) şöyle buyurur: Her sabah ve akşam üç defa bu duayı okuyana hiçbirşey zarar veremez.

**2. Dua**

اللَّهُمَّ احْفَظْنِي مِنْ بَيْنِ يَدَيَّ وَمِنْ خَلْفِي وَعَنْ يَمِينِي وَعَنْ شِمَالِي وَمِنْ فَوْقِي وَ أَعُوذُ بِعَظَمَتِكَ أَنْ إِغْتَالَ مِنْ تَحْتِي.

**Okunuşu:** ***"Allahümmahfazni min beyni yedeyye ve min halfi ve an yemini ve an şimali ve min fevki ve euzü bi azametike en uğtale min tahti."***

**Anlamı:** "Alla'ım, beni önümden, arkamdan, sağımdan, solumdan ve üstümden gelecek kötülüklere karşı koru. Altımdan bir kötülük gelmesinden (yarılıp içine düşmekten) Senin azametine sığınırım." (Ebu Davud)

**3. Dua**

بِسْمِ اللّهِ الرَحْمنِ الرَحِيمِ. لَقَدْ جَاءكُمْ رَسُولٌ مِّنْ أَنفُسِكُمْ عَزِيزٌ عَلَيْهِ مَا عَنِتُّمْ حَرِيصٌ عَلَيْكُم بِالْمُؤْمِنِينَ رَؤُوفٌ رَّحِيمٌ. فَإِن تَوَلَّوْاْ فَقُلْ حَسْبِيَ اللّهُ لاَ إِلَـهَ إِلاَّ هُوَ عَلَيْهِ تَوَكَّلْتُ وَهُوَ رَبُّ الْعَرْشِ الْعَظِيمِ.

**Okunuşu:** ***"Bismillahirrahmanirrahim. Le kad caeküm rasulüm min enfüsiküm aziz. Aleyhi ma anittüm harisun aleyküm bi'l-mü'minine raufu'r-rahim. Fe in tevellev fe kul hasbiyallahu la ilahe illahü, aleyhi tevekkekltü ve hüve rabbü'l-arşi'l-azim."***

**Anlamı:** "Rahman ve Rahim olan Allah'ın adıyla. Şanım hakkı için, size bir rasul geldi... (Öyle bir Rasul) ki kendi (cinsi) nizden; gayet izzetli, (azab görmeniz şöyle dursun, zahmet çekip) zorlanmanız (bile) ona ağır geliyor, üstünüze hırs ile titriyor, mü'minlere çok şevkatli, çok merhametlidir."

**4. Dua**

اللَّهُمَّ إِنِّي أَعُوذُ بِكَ مِنْ التَّرَدِّي وَأَعُوذُ بِكَ مِنْ الْغَمِّ وَالْغَرَقِ وَالْهَدْمِ وَأَعُوذُ بِكَ أَنْ أَمُوتَ فِي سَبِيلِكَ مُدْبِرًا.

**Okunuşu:** *"Allahümme inni euzü bike mine't-teraddi ve euzü bike mine'l-ğammi ve'l-ğarakı ve'l-hedmi ve euzü bike min en emute."*

**Anlamı:** "Allah'ım! Aşağılara düşmekten Sana sığınırım. Üzüntüden, boğulmaktan ve yıkıntılar altında kalıp ölmekten Sana sığınırım. Senin yolundan yüz çevirmiş olarak ölmekten Sana sığınırım."

## Ateşten ve Bilinmeyen Beladan Allah'a Sığınma Duası

اللَّهُمَّ إِنِّي أَسْأَلُكَ مِنَ الْخَيْرِ كُلِّهِ عَاجِلِهِ وَآجِلِهِ مَا عَلِمْتُ مِنْهُ وَمَا لَمْ أَعْلَمْ. وَأَعُوذُ بِكَ مِنَ الشَّرِّ كُلِّهِ عَاجِلِهِ وَآجِلِهِ مَا عَلِمْتُ مِنْهُ وَمَا لَمْ أَعْلَمْ. أَسْأَلُكَ الْجَنَّةَ وَمَا قَرَّبَ إِلَيْهَا مِنْ قَوْلٍ أَوْ عَمَلٍ. وَأَسْأَلُكَ مِنْ خَيْرِ مَا سَأَلَكَ عَبْدُكَ وَرَسُولُكَ مُحَمَّدٌ - صلى الله عليه وسلم - وَأَعُوذُ بِكَ مِنْ شَرِّ مَا اسْتَعَاذَ بِكَ عَبْدُكَ وَرَسُولُكَ مُحَمَّدٌ- صلى الله عليه وسلم - وَأَسْأَلُكَ مَا قَضَيْتَ لِي مِنْ أَمْرٍ أَنْ تَجْعَلَ عَاقِبَتَهُ رُشْدًا.

**Okunuşu:** *"Allahüme inni es'elüke minel-hayri küllihi 'acilihi ve acilihi ma 'alimtü minhu ve ma lem a'lem. Ve e'uzü bike mine'ş-şerri küllihi 'acilihi ve acilihi ma 'alimtü minhü ve ma lem a'lem ve es'elüke'l-cennete ve ma karrabe ileyha min kavlin ev 'amelin. Ve e'uzü bike minen-nari ve ma karrabe ileyha min kavlin ev 'amelin. Ve es'elüke hayra ma se'eleke 'abdüke ve Rasulüke Muhammedün (s.a.v.). ve e'uzü bike min şerri meste'aze bike minhü 'abdüke ve Rasulüke Muhammedin (s.a.v.). Ve es'elüke ma kadayte li min emrin en tec'ale 'akıbetehu ruşden."*

**Anlamı:** "Allah'ım! Bildiğim ve bilmediğim, hemen verdiğin veya daha sonra verdiğin (dünya ve ahiretin) her türlü hayrını Senden istiyorum. Bildiğim ve bilmediğim, hemen verdiğin veya daha sonra verdiğin (dünya ve ahiretin) her türlü şerrinden Sana sığınıyorum. Senden cenneti ve beni cennete yaklaştıracak sözleri ve işleri yapabilmeyi nasip etmeni istiyorum. Cehennemden ve beni cehenneme yaklaştıracak olan sözlerden ve işlerden Sana sığınıyorum. Kulun ve Peygamberin Muhammed (s.a.v.)'in istediği şeyleri Senden istiyorum. Kulun ve Peygamberin Muhammed (s.a.v.)'in Sana sığındığı şeylerden ben de Sana sığınıyorum. Hakkımda hükmettiğin işlerin sonucunu hayır yapmanı istiyorum." (Hâkim, De'avat, No: 1914; bk. İbn Hıbban, Ed'ıye, No: 869; İbn Ebi Şeybe, Dua, No: 29336)

## Tehlikeye Düştüğü Zaman okunacak dua

بِسْمِ اللّهِ الرَّحْمنِ الرَّحِيمِ لاَ حَوْلَ وَلاَ قُوَّةَ إلاَّ بِاللّهِ الْعَلِيِّ الْعَظِيمِ.

**Okunuşu:** ***(Bismillahirrahmanirrahim, vela havle vela kuvvete illa billahi'l-aliyyi'l-azım)***

**Anlamı:** "Rahman ve rahim olan Allah'ın adıyla.Yüce ve ulu Allah'dan başka güç ve kuvvet sahibi yoktur" dersen o hali senden uzaklaştırır"(Nevevi,Ezkar,110)

## Yıkıntı Altında Kalmaktan Allah'a Sığınmak İçin okunacak dua

اللَّهُمَّ إِنِّي أَعُوذُ بِكَ مِنْ التَّرَدِّي وَالْهَدْمِ وَالْغَرَقِ وَالْحَرِقِ.

**Okunuşu:** ***(Allahümme innı euzü bike mine't-teraddi ve'l-hedmi ve'l-ğarakı ve'l-harıkı)***

**Anlamı:** "Allah'ım! Yüksekten düşmekten,yıkıntı altında kalmaktan, suda boğulmaktan ve yangından sana sığınırım."(Nesei,8/282)

## GENEL KONULARLA İLGİLİ DUALAR

### Cuma Günü Mescide Giderken Okunacak Dua

**Anlamı:** "Allah'ım! Beni sana yönelenlerin en iyilerinden,sana yaklaşanların en yakınlarından ve senden isteyenlerin en faziletlilerinden kıl."(Nevevi,Ezkar,149,150)

### Cuma Günü Sabah namazından önce

**Anlamı:** "Kendisinden başka ilah olmayan, diri olan, mahlukatı gözeten Allah'tan bağışlanmamı dilerim" Enes' ( r.a) dan: Peygamber (s.a.v) buyurdu ki: Kim Cuma günü sabah namazından önce üç defa bu duayı okursa, Allah onun günahlarını bağışlar, (isterse günahları denizin köpüğü kadar olsun). (Nevevi,Ezkar,41)

## DERSLERİ ANLAMA (öğrenciler) İÇİN DUALAR

اللّهُمّ ارْحَمْني بِتَرْكِ المَعَاصِي أَبَداً مَا أَبْقَيْتَنِي وارْحَمْنِي أنْ أَتَكَلّفَ مَا لا يَعْنِينِي وارْزُقْنِي حُسْنَ النَّظَرِ فِيمَا يُرْضِيكَ عَنّي. اللّهُمّ بَدِيعَ السّمَاوَاتِ وَالأَرْضِ ذَا الْجَلاَلِ وَالإِكْرامِ وَالعِزّةِ التي لا تُرَامُ أَسْأَلُكَ يَا الله يَا رَحْمَانُ بِجَلاَلِكَ وَنورِ وَجْهِكَ أَنْ تُلْزِمَ قَلْبِي حِفْظَ كِتَابِكَ كَمَا عَلّمْتَنِي وَارْزُقْنِي أَنْ أَتْلُوَهُ عَلَى النّحْوِ الّذِي يُرْضِيكَ عَنّي. اللّهُمَّ بَدِيعَ السّمَاوَاتِ وَالأَرْضِ

ذَا الْجَلَالِ والإِكْرَامِ والعِزَّةِ التي لا تُرَامُ أَسْأَلُكَ يَا اللهُ يا رَحْمَانُ بجَلالِكَ
وَنُورِ وَجْهِكَ أَن تُنَوِّرَ بِكِتَابِكَ بَصَرِي وأَنْ تُطْلِقَ بِهِ لِسَانِي وَأَنْ تُفَرِّجَ بِهِ
عَنْ قَلْبِي وَأَنْ تَشْرَحَ بِهِ صَدْرِي وأَنْ تُمْلأَ بِهِ بَدَنِي فَإِنَّهُ لا يُعِينُنِي عَلَى
الْحَقِّ غَيْرُكَ وَلاَ يُؤْتِيهِ إِلاَّ أَنْتَ وَلا حَوْلَ وَلاَ قُوَّةَ إِلاَّ بالله العَلِيِّ العَظِيم.

**Okunuşu:** ***(Allahümmerhamni biterki'l-maası ebeden ma ebkaytenı verhamnı en etekellefe mala yanini varzuknı husnen nazarı fıma yurdike anni.Allahümme bedıa's-semavati ve'l-ardı zelcelali ve'l-ikrami ve'l-izzetilletı la türamü, es'elüke ya Allahü ya rahmanu bicelalike ve nuri vechike en tulzime kalbı hıfza kitabike kema allemtenı verzuknı en etlüvehu ale'n-nahvillezı yurdike annı.Allahümme bedia's-semavati ve'l-ardı zelcelali ve'l-ikrami ve'l-ızzetilletı la türamu,es'elüke ya Allahu ya rahmanu bicelalike ve nuri vechike en tünevvire bikitabike basarı ve en tutlika bihı lisanı ve en tüferrice bihı an kalbı ve en teşraha bihı sadrı,ve en tümlie bihı bedenı, li ennehu la yuınunı ale'l-hakkı gayruke vela yu'tihı illa ente vela havle vela kuvvete illa billahi'l-aliyyi'l-azim)***

**Anlamı:** "Allah'ım! Beni hayatta bıraktığın sürece günahları terk ettirmekle bana merhamet eyle. Beni ilgilendirmeyen işleri bana yükleme.Seni razı edecek şeylere güzel bakmayı bana nasip eyle. Ey göklerin ve yerin yaratıcısı,ey ulaşılmayacak kadar yüksek celal ve ihsan sahibi, ey Allah, ey Rahman! Celalin hürmetine, yüzünün nuru hürmetine, Kur'an'ı istediğin gibi ezberlememi nasip eyle. Seni razı edecek şekilde okumamı nasip eyle. Ey gökleri ve yeri yaratan celal ve ikram sahibi, ey ulaşılamayacak kadar yüksek izzet sahibi Allah'ım, ey Allah, ey Rahman! Celalin ve yüzünün nuru hürmetine kitabınla gözümü nurlandırmanı, dilimi çözmeni, kalbimi genişletmeni ve bedenimle onu yaşamamı isterim. Çünkü hakka karşı bana senden başkası yardım edemez, onu ancak sen verirsin. Güç ve kuvvet ancak yüce ve ulu Allah'ındır.

## KULAĞI ÇINLADIĞI ZAMAN OKUNACAK DUA

ذَكَرَ اللّٰهُ مَنْ ذَكَرَنِي بِخَيْرٍ.

**Okunuşu:** *"Zekerallahu men zekeranı bihayrin"*

**Anlamı:** "Beni hayırla ananı Allah da ansın." (Gazali, İhya, 1/335)

## BİRÇOK DERDE DEVA OLAN DUA

اللَّهُمَّ إِنِّي أَعُوذُ بِكَ مِنَ الْهَمِّ وَالْحَزَنِ وَأَعُوذُ بِكَ مِنَ الْعَجْزِ وَالْكَسَلِ وَأَعُوذُ بِكَ مِنَ الْجُبْنِ وَالْبُخْلِ وَأَعُوذُ بِكَ مِنْ غَلَبَةِ الدَّيْنِ وَقَهْرِ الرِّجَالِ.

**Okunuşu:** ***(Allahümme innı euzü bike mine'l-hemmi, ve'l-hazeni ve euzü bike mine'l-aczi ve'l keseli, ve euzü bike mine'l-cübni, ve'l-buhli ve euzü bike min galebeti'd-deyni ve kahri'r-ricali)***

**Anlamı:** "Ey Allah'ım! Elem ve kederden, şaşkınlıktan sana sığınırım. Acizlikten, tembellikten. bıkkınlıktan da sana sığınırım. Korkaklık ve cimrilikten de sana sığınırım. Allah'ım! Borç altında ezilmekten, adamların kahrından (insanların nefsimi kullanmasından ve onlara mağlup olmaktan da sana sığınırım)."

## SATIN ALDIĞI MALIN HAYRINI GÖRMEK İÇİN DUA

اللَّهُمَّ اِنِّي اَسْأَلُكَ خَيْرَهُ وَخَيْرَ مَا جُبِلَ عَلَيْهِ وَأَعُوذُ بِكَ مِنْ شَرِّهِ وَشَرِّ مَا جُبِلَ عَلَيْهِ .

**Okunuşu:** ***(Allahümme innı es'elüke hayrehu ve hayra ma cübile aleyhi, ve euzü bike min şerrihı ve şerri ma cübile aleyhi)***

**Anlamı:** "Allah'ım! Senden bunun hayrını, ne için yaratılmışsa onun hayrını diler; onun şerrinden ve ne için yaratılmışsa onun şerrinden sana sığınırım" (Nevevi,Ezkar,277)

## TEMBELLİKTEN KURTULMAK İÇİN DUA

اَللَّهُمَّ اِنِّي أَعُوذُ بِكَ مِنَ الْهَمِّ وَالْحَزَنِ وَالْعَجْزِ وَالْكَسَلِ والْجُبْنِ وَالْبُخْلِ وَضَلْعِ الدَّيْنِ وَغَلَبَةِ الرِّجَالِ .

**Okunuşu:** ***(Allahümme innı euzü bike mine'l-hemmi ve'l-hazeni ve'l aczi ve'l keseli ve'l-cübni ve'l-buhli ve dalai'd-deyni ve ğalebeti'r-ricali)***

**Anlamı:** "Allah'ım! Hüzünden, kederden, acizlikten, tembellikten, korkaklıktan, cimrilikten, borç baskısından ve insanların kahrına uğramaktan sana sığınırım."(Buhari,7/159)

## YATAĞA GİRİLDİĞİNDE OKUNACAK DUA

**1. Dua**

**Anlamı:** "Bizi yediren,içiren, bize yeticek kadar rızık veren ve bizi barındıran Allah'a hamd olsun. Niceleri vardır ki, ne yetecek kadar vereni, ne de barındıranı vardır."(Müslim,3/2085)

**2. Dua**

**Anlamı:** "Allah'ım! Kendimi sana teslim ettim, işimi sana ısmarladım, belimi sana dayadım, senden korkarak ve senden ümit ederek. Senden başka sığınacak yoktur, ancak sen varsın. İndirdiğin kitabına ve gönderdiğin peygamberine iman ettim."(Tirmizi,5/567)

**3. Dua**

**Anlamı:** "Allah'ım! Canımı sen yarattın,onu sen öldürürsün. Onun ölümü de dirimide sana aittir. Eğer onu diriltirsen, onu muhafaza eyle. Eğer onu öldürürsen, onu bağışla. Allah'ım! Senden sağlık isterim." (Müslim, 3/2083)

## GÜNAHLARIN BAĞIŞLANMASI İÇİN OKUNAN BİR DUA

عِبَادِكَ الصَّالِحِينَ وَاجْعَلْنِي مِنَ الَّذِينَ لاَ خَوْفٌ عَلَيْهِمْ وَلاَ هُمْ يَحْزَنُونَ.

**Okunuşu:** *"Allahümmağfir li zenbi ve metti' li fi dari ve barik li fi rızki. Allahümmec'alnı mine't-tevvabine vec'alni mine'l-mütetahhirin. Vec'alni min ıbadike's-salihin. Vec'alni minellezine la havfün aleyhim ve la hüm yahzenun."*

## KABİR AZABINDAN KORUNMAK İÇİN DUA

اَللَّهُمَّ إِنِّي أَعُوذُ بِكَ مِنَ الْكُفْرِ وَالْفَقْرِ وَعَذَابِ الْقَبْرِ.

**Okunuşu:** *"Allahümme inni euzü bike mine'l-küfri ve'l-fakri ve azabi'l-kabri."*

**Anlamı:** "Allah'ım! Küfürden, fakirlikten ve kabir azabından Sana sığınırım."

## GÜNAHLARDAN ARINMA DUASI

اَللَّهُمَّ إِنِّي ظَلَمْتُ نَفْسِي ظُلْمًا كَثِيرًا وَلاَ يَغْفِرُ الذُّنُوبَ إِلاَّ أَنْتَ فَاغْفِرْلِي
مَغْفِرَةً مِنْ عِنْدِكَ إِنَّكَ أَنْتَ الْغَفُورُ الرَّحِيمُ.

**Okunuşu:** *"Allahümme inni zalemtü nefsi zulmen kesiran ve la yağfiru'z-zunube illa ente fağfirli mağfireten min indike inneke ente'l-ğafuru'r-rahim."*

**Anlamı:** "Allah'ım ben kendime çok zulmettim. Senden başka günahı bağışlayan yoktur. Senden mağfiret diliyorum. Sen merhametli ve bağışlayıcısın."

## KALPLERİ KİN VE NEFRETTEN UZAKLAŞTIRAN DUA

رَبَّنَا اغْفِرْلَنَا وَلِإِخْوَانِنَا الَّذِينَ سَبَقُونَا بِالْإِيمَانِ وَلَا تَجْعَلْ فِي قُلُوبِنَا غِلاً لِلَّذِينَ آمَنُوا رَبَّنَا إِنَّكَ رَؤُوفٌ رَحِيمٌ.

**Okunuşu:** ***"Rabbenağfirlena ve li ihvaninellezine sebakuna bi'l-imani ve la tec'al fi kulubina ğıllen lillezine amenu. Rabbena inneke Raufu'r-Rahim."***

**Anlamı:** "Allah'ım, bizleri ve bizden önce iman etmiş olan din kardeşlerimizi affeyle. Kalplerimizde iman etmiş olanlara karşı kötülük, kin ve nefret bırakma. Muhakkak sen merhametli ve bağışlayıcısın."

## PEYGAMBERİMİZİN MECLİSTEN AYRILIRKEN OKUDUĞU MAĞFİRET DUASI

سُبْحَانَكَ اللَّهُمَّ رَبِّي وَبِحَمْدِكَ لاَ إِلَهَ إِلاَّ أَنْتَ أَسْتَغْفِرُكَ وَأَتُوبُ إِلَيْكَ.

**Okunuşu:** ***Sübhanekallahümme Rabbi ve bi hamdike, la ilahe illa ente estağfirüke ve etubü ileyk***

**Anlamı:** Yüce Allah'ım, her an Seni anar ve Sana şükür vazifemizi eda ederiz. Zira Senden başka ilah yoktur. Senden af ve mağfiret diler tevbe ederiz.

## SOHBET VEYA TOPLANTI YERLERİNDEN AYRILIRKEN OKUNACAK DUA

سُبْحَانَكَ اللَّهُمَّ وَبِحَمْدِكَ أَشْهَدُ أَنْ لاَ إِلَهَ إِلاَّ أَنْتَ أَسْتَغْفِرُكَ وَأَتُوبُ إِلَيْكَ عَمِلْتُ سُوءً وَظَلَمْتُ نَفْسِي فَاغْفِرْلِي فَإِنَّهُ لاَ يَغْفِرُ الذُّنُوبَ إِلاَّ أَنْتَ.

**Okunuşu:** ***"Sübhanekallahümme ve bi-hamdike eşhedü enla ilahe illa ente estağfiruke ve etubü ileyke amiltü suen ve zalemtü nefsi fağfirli fe innehu la yağfiru'z-zunube illa ente."***

**Anlamı:** "Allah'ım! Seni bütün noksan sıfatlardan tenzih ederim. Sana hamdederim. Senden başka ilah olmadığına şahitlik yaparım. Senden mağfiret diliyorum. Sana tevbe ediyorum. Bir kötülük yaptım, kendime zulmettim, beni bağışla. Çünkü günahları ancak Sen bağışlarsın."

## GERÇEK BİR İMANA ULAŞMAK İÇİN DUA

رَضِيتُ بِاللّٰهِ رَبًّا وَبِالْإِسْلَامِ دِينًا وَ بِمُحَمَّدٍ نَبِيًّا.

**Okunuşu:** ***"Raditü billahi rabben ve bi'l-İslami dinen ve bi Muhammedin (s.a.v.) nebiyya."***

**Anlamı:** "Rab olarak Allah'a, din olarak İslam'a ve peygamber olarak da Muahmmed (s.a.v.)'e razı oldum."

## GIYBET VEYA İFTİRA GÜNAHINDAN KORUNMA DUASI

اللّٰهُمَّ اغْفِرْلِي وَلِمَنْ اِغْتَبْتُهُ وَلِوَالِدَيَّ وَلِلْمُؤْمِنِينَ وَالْمُؤْمِنَاتِ يَوْمَ يَقُومُ الْحِسَابِ. بِرَحْمَتِكَ يَا اَرْحَمَ الرَّاحِمِينَ.

**Okunuşu:** ***"Allahümmağfirli ve limeniğtebtühu ve livalideyye ve lil mü'minine ve'l-mü'minati yevme yekumu'l-hisab. Bi rahmetike ya erhame'r-rahimin."***

**Anlamı:** "Allah'ım; hesap gününde (Ruz-i Mahşerde) beni ve hakkında iftira ettiğim veya kötü söz söyleyip çekiştirdiğim kimseyi, anne ve babamı ve bütün mü'minleri affeyle. Ey merhametlilerin en merhametlisi.."

## İHTİYARLIK VE ACİZLİKTEN SIĞINMA DUASI

اللَّهُمَّ اِنِّي أَعُوذُ بِكَ مِنَ الْعَجْزِ وَالْكَسَلِ وَالْجُبْنِ وَالْهَرَمِ وَ أَعُوذُبِكَ مِنْ عَذَابِ الْقَبْرِ وَأَعُوذُبِكَ مِنْ فِتْنَةِ الْمَحْيَى وَالْمَمَاتِ.

**Okunuşu:** ***"Allahümme, inni euzü bike mine'l-aczi ve'l-keseli ve'l-cubni ve'l-herami. Ve euzü bike min azabi'l-kabri. Ve euzü bike min fitneti'l-mahya ve'l-memati."***

**Anlamı:** "Allah'ım, ben, acizlikten, tembellikten, korkaklıktan ve ihtiyarlıktan Sana sığınırım. Keza ben, kabir azabından da Sana sığınırım. Hayatın ve ölümün fitnelerinden de Sana sığınırım." (Buhari)

## İMANI GÜÇLENDİREN DUA

اَلْحَمْدُ لِلَّهِ عَلَى الْإِيمَانِ. اَلْحَمْدُ لِلَّهِ عَلَى الْإِسْلَامِ. اَلْحَمْدُ لِلَّهِ عَلَى الْإِحْسَانِ. وَالْحَمْدُ لِلَّهِ الَّذِي جَعَلَنَا مِنْ أُمَّةِ مُحَمَّدٍ (عَلَيْهِ الصَّلَاةُ وَالسَّلَامُ)

**Okunuşu:** ***"El-hamdü lillahi ale'l-iman. El-hamdü lillahi ale'l-İslam. El-hamdü lillahi ale'l-ihsan. El-hamdü lillahillezi cealena min ümmeti Muhammedin aleyhissalatü vesselam."***

**Anlamı:** "Allahu Teala'nın bize lütfettiği iman ve İslam'a ve bu büyük ihsana şükürler olsun. –Bizi Muhammed Aleyhissalatü vesselam'ın ümmetinden kılan- Allahu Teala'ya hamd olsun."

## NAMAZDAN SONRA OKUNAN İMAN DUASI

رَبَّنَا لاَ تُزِغْ قُلُوبَنَا بَعْدَ إِذْ هَدَيْتَنَا وَهَبْ لَنَا مِنْ لَدُنْكَ رَحْمَةً إِنَّكَ أَنْتَ الْوَهَّابُ.

**Okunuşu:** ***"Rabbena la tüziğ kulubena ba'de iz hedeytena ve heblena mil ledünke rahmeten inneke ente'l-Vehhab."***

**Anlamı:** "Allah'ım, Sen bizleri doğru yola sevkedip imana muvaffak kıldıktan sonra kalplerimizi batıl ve kötü yola saptırmaktan koru ve bizlere ilahi katından rahmet ihsan eyle, zira Sen ihsanı bol ve bağışlayıcısın." (Al-i İmran, 8)

## ÖLÜM ANINDA İMANLI GİTMEK İÇİN OKUNACAK DUA

لاَ إِلَهَ إِلاَّ اللَّهُ الْمَوْجُودُ بِكُلِّ زَمَانٍ. لاَ إِلَهَ إِلاَّ اللَّهُ الْمَعْبُودُ بِكُلِّ مَكَانٍ. لاَ إِلَهَ إِلاَّ اللَّهُ الْمَعْرُوفُ بِكُلِّ إِحْسَانٍ. لاَ إِلَهَ إِلاَّ اللَّهُ الْمَذْكُورُ بِكُلِّ لِسَانٍ. لاَ إِلَهَ إِلاَّ اللَّهُ كُلَّ يَوْمٍ هُوَ فِي شَأْنٍ. لاَإِلَهَ إِلاَّ اللَّهُ الأَمَانُ مِنْ زَوَالِ الْإِيمَانِ وَمِنْ شَرِّ الشَّيْطَانِ يَا قَدِيمَ الْإِحْسَانِ يَا غَفُورُ يَا غُفْرَانُ بِرَحْمَتِكَ يَا أَرْحَمَ الرَّاحِمِينَ وَصَلَّى اللَّهُ عَلَى سَيِّدِنَا مُحَمَّدٍ وَآلِهِ أَجْمَعِينَ. يَا اَللَّهُ يَا اَللَّهُ.

**Okunuşu:** ***"La ilahe illallahu'l-mevcudu bi-külli zeman. La ilahe illallahu'l –ma'budu bi-külli mekân. La ilahe illallahu'l-ma'rufu bi-külli ihsan. La ilahe illallahu'l-mezkûru bi-külli lisan. La ilahe illallahu külle yevmin hüve fi şe'n. La ilahe illallahu'l-emanu'l-emanu min zevali'l-imani ve min şerri'ş-şeytani ya kadime'l-ihsan, ya Gafuru, ya Gufran, bi rahmetike ya erhame'r-rahimin, ve sallallahu ala seyyidina Muhammedin ve alihi ecmain. Ya Allah ya Allah."***

**Anlamı:** "Allah'tan başka ilah yoktur. O, yüce Allah her zaman var olmuştur. Allah'tan başka ilah yoktur. O, yüce Allah ki her mekânda sadece ona ibadet edilir. Allah'tan başka ilah yoktur. O her iyiliğin sahibidir. Allah'tan başka ilah yoktur. O, her lisanla zikredilendir. Allah'tan başka ilah yoktur. O, her an yeni bir işle ve yaradılışla meşguldür. Allah'tan başka ilah yoktur. Şeytanın şerrinden ve imanın kaybedilmesinden sadece ona sığınılır. Ey ihsanı hep var olan, ey bağışlayan ve mağfiret sahibi olan. Senin rahmetinle Sana sığınırız ey Rahman salât ve selam efendimiz Hz. Muhammed Mustafa' ya (s.a.v.) olsun.. Ey Allah. Ey Allah...

## İMANI KORUMAK İÇİN OKUNACAK DUA

يَا مُقَلِّبَ الْقُلُوبِ ثَبِّتْ قَلْبِي عَلَى دِينِكَ.

**Okunuşu:** ***"Ya mukallibe'l-kulubi, sebbit kalbi ala dinike."***

**Anlamı:** "Ey kalpleri döndüren Allah'ım! Kalbimi dinin üzerine sabit kıl."

## ÜZÜNTÜ VE IZTIRAP HALLERİNDE OKUNACAK DUA

لاَ إِلَهَ إِلاَّ اللَّهُ الْحَلِيمُ الْكَرِيمُ. لاَ إِلَهَ إِلاَّ اللَّهُ الْعَلِيُّ الْعَظِيمُ لاَ إِلَهَ إِلاَّ اللَّهُ رَبُّ السَّمَاوَاتِ السَّبْعِ وَ رَبُّ الْعَرْشِ الْكَرِيمِ.

**Okunuşu:** ***"La ilahe illallahü'l-Halimü'l-Kerim, la ilahe illallahü'l-Aliyyü'l-Azim. La ilahe illallahu Rabbüssemavati's-seb'i ve Rabbü'l-arşi'l-Kerim."***

**Anlamı:** "Halim ve Kerim olan Allah'tan başka ilah yoktur. Yüce Allahu Teala'dan gayrı ilah yoktur. Yedi gök'ün ve yüce arşın sahibi Allahu Teala'dan başka ilah yoktur." (Buhari, Müslim)

**Dua İle İlgili Bilgi:** Sahabelerden İbni Abbas (r.a.)'tan rivayet edildiğine göre; Hz. Peygamber (s.a.v.) kederli ve üzüntülü olduğu zaman bu duayı okurdu. Bu duayı okuyan ıztıraplı kimsenin akabinde:

"Allah'ım beni bu ıztıraptan, bu üzüntüden kurtar ya müferrice'l-Kurub (dert dağıtıcı)."demesinde fayda vardır.

## GEÇİMİ ZORLAŞANIN OKUYACAĞI DUA

بِسْمِ اللَّهِ عَلى نَفْسِي وَمَالِي وَدِينِي. اللَّهُمَّ رَضِّنِي بِقَضَائِكَ وَبَارِكْ لِي فِيمَا قُدِّرَ لِي حَتَّى لاَ أُحِبَّ تَعْجِيلَ مَا أَخَّرْتَ وَلاَ تَأْخِيرَ مَا عَجَّلْتَ.

**Okunuşu:** ***"Bismillahi ala nefsi ve mali ve dini. Allahümme raddını bi kadaike ve barik li fima kuddira li hatta la uhibbe ta'cile ma ahharte ve la te'hira ma accelte."***

**Anlamı:** "Canım, malım ve dinim konusunda her şeye Senin adınla başlarım. Allah'ım! Kaza ve hükmüne beni razı et ve bana takdir edileni bereketlendir ki, sonraya bıraktığının şimdi ve şimdi yaptığının sonra olmasını isteyip temenni etmeyeyim."

**Dua İle İlgili Bilgi:** İbn. Ömer (r.a.)'dan Resulullah (s.a.v.) şöyle buyurdu:

Geçim sıkıntısı çektiğinizde evden çıkarken böyle deyin.

## ŞEYTAN'IN VESVESESİNDEN KURTULMAK İÇİN OKUNACAK DUALAR

**1. Dua**

اَللَّهُمَّ اجْعَلْ فِي قَلْبِي نُوراً وَفِي سَمْعِي نُوراً وَفِي بَصَرِي نُوراً. وَفَوْقِي نُوراً وَتَحْتِي نُورا وَاجْعَلْنِي نُورا.

**Okunuşu:** ***"Allahümmec'al fi kalbi nuren ve fi sem'i nuren ve fi basari nuren ve fevki nuren ve tahti nuren vec'alni nura."***

**Anlamı:** "Allah'ım, kalbime, kulaklarıma, gözlerime, nurundan ihsan eyle, nurunla her tarafımı paklandır."

**2. Dua**

وَ إِمَّا يَنْزَغَنَّكَ مِنَ الشَّيْطَانِ نَزْغٌ فَاسْتَعِذْ بِاللَّهِ. إِنَّهُ هُوَ السَّمِيعُ الْعَلِيمُ.

**Okunuşu:** ***"Ve imma yenzeğanneke mine'ş-şeytani nezğun festeız billah, innehu hüve's-semiu'l-alim."***

**Anlamı:** "Şayet seni şeytandan (gelen) bir dürtüş dürtecek olursa, hemen Allah'a sığın. O'dur ancak her şeyi işiten ve bilen. (fussilet, 36)

**3. Dua**

هُوَ الْأَوَّلُ وَالْآخِرُ وَالظَّاهِرُ وَالْبَاطِنُ وَهُوَ بِكُلِّ شَيْءٍ عَلِيمٌ.

**Okunuşu:** ***"Hüve'l-evvelü ve'l-ahiru ve'z-zahiru ve'l-batınu vehüve bi külli şey'in alim.***

**Anlamı:** "O, hem evveldir, hem ahirdir, hem zahirdir, hem batındır. O her şeyi bilendir." (Hadid, 3)

## EVHAMA ( ÜRPERTİYE) KARŞI DUA

آمَنْتُ بِاللّهِ وَرُسُلِهِ هُوَ الْأَوَّلُ وَالْآخِرُ وَالظَّاهِرُ وَالْبَاطِنُ وَهُوَ بِكُلِّ شَيْءٍ عَلِيمٌ.

**Okunuşu:** ***"Amentü billahi ve rusülihi hüve'l-evvelü ve'l-ahirü ve'z-zahirü ve'l-batınü ve hüve bi külli şey'in âlim."***

**Anlamı:** "Evveli ve ahiri olmayan, zahir ve batın olan ve her şeyi bilen Allahu Teala'ya ve O'nun Peygamberlerine inandım."

# ÇÖZÜMSÜZ ZAMANLARDA OKUNACAK DUA

بِسْمِ اللهِ الرَّحْمَنِ الرَّحِيمِ. إِلَهِي بِأَخَصِّ صِفَاتِكَ وَبِعِزِّ جَلاَلِكَ وَبِأَعْظَمِ أَسْمَائِكَ وَبِعِصْمَةِ أَنْبِيَائِكَ وَبِنُورِ أَوْلِيَائِكَ وَبِدَمِ شُهَدَائِكَ أَسْأَلُكَ زِيَادَةً فِي الْعِلْمِ وَتَوْبَةً قَبْلَ الْمَوْتِ وَرَاحَةً عِنْدَ الْمَوْتِ وَمَغْفِرَةً بَعْدَ الْمَوْتِ وَنَجَاةً مِنَ النَّارِ وَدُخُولاً فِي الْجَنَّةِ وَعَافِيَةً فِي الدُّنْيَا وَالْآخِرَةِ بِرَحْمَتِكَ يَا أَرْحَمَ الرَّاحِمِينَ. إِلَهِي بِحَقِّ حُسَيْنٍ وَأَخِيهِ وَجَدِّهِ وَأَبِيهِ وَأُمِّهِ وَبَنِيهِ خَلِّصْنِي مِمَّا أَنَا فِيهِ بِرَحْمَتِكَ يَا أَرْحَمَ الرَّاحِمِينَ.

**Okunuşu:** *"Bismillahirrahmanirrahim. İlahi bi-ahassi sıfatike ve bi-izzi celalike ve bi-a'zami esma'ike ve bi-ısmeti enbiyaike ve bi-nuri evliyaike ve bi-demi şuhedaike es'eluke ziyadeten fi'l-ilmi ve tevbeten kable'l-mevti ve rahaten inde'l-mevti ve mağfireten ba'de'l-mevti ve necaten mine'n-nari ve duhulen fi'l-cenneti ve afiyeten fi'd-dünya ve'l-ahirati bi-rahmetike ya erhame'r-rahimin. İlahi bi-hakki Hüseynin ve ahihi ve ceddihi ve ebihi ve ümmihi ve benihi hallisni mimma ene fih, bi-rahmetike ya erhame'r-rahimin."*

**Anlamı:** "Rahman ve Rahim olan Allah'ın adıyla. Ya Rabbi, sıfatların, yüce saltanatın, en güzel isimlerin yüzü hürmetine, peygamberlerinin temizliği, velilerinin nuru, şehidlerinin kanı yüzü hürmetine ilmimi arttır, ölmezden önce tevbe, ölürken rahatlık, öldükten sonra mağfiret, cehennemden kurtuluş, cennete giriş nasib eyle, dünyada da ahirette de afiyet ve huzur ver, ey merhametlilerin merhametlisi, rahmetin yüzü hürmetine duamı kabul buyur. İlahi Hüseyn ve kardeşi yüzü hürmetine, dedesi, babası yüzü hürmetine, anası ve oğulları yüzü hürmetine beni bulunduğum darlıktan kurtar, ey merhametlilerin merhametlisi rahmetinle isteğimi kabul buyur."

## GELECEK HER ZARARI ÖNLEYEN DUA

أَعُوذُ بِكَلِمَاتِ اللَّهِ التَّامَّاتِ مِنْ شَرِّ مَا خَلَقَ.

**Okunuşu:** ***"Euzü bikelimatillahi't-tammati min şerri ma halak."***
**Anlamı:** "Tamam olan kelimelerine tutunup bütün yarattıklarının şerrinden Allah'a sığınırım."

## TEHLİKEYLE KARŞI KARŞIYA KALDIĞINDA OKUNAN DUA

بِسْمِ اللَه الرَّحْمَنِ الرَّحِيم. لاَ حَوْلَ وَلاَ قُوَّةَ إلاَّ بِاللّهِ الْعَلِيِّ العَظِيم.
اللَّهُمَّ إِيَّاكَ نَعْبُدُ وَإِيَّكَ نَسْتَعِينُ.

**Okunuşu:** ***"Bismillahirrahmanirrahim. La havle vela kuvvete illa billahi'l-aliyyi'l-azim. Allahümme iyyake na'büdü ve iyyake neste'in."***
**Anlamı:** "Rahman ve Rahim olan Allah'ın adıyla. Yüce ve kudretli Allah'tan başka hiçbir güç ve kuvvet yoktur. Allah'ım! Sadece Sana ibadet ederiz ve sadece Senden yardım dileriz."

## KORKUYA KARŞI OKUNACAK DUA

أَعُوذُ بِكَلِمَاتِ اللَّه التَّامَّةِ مِنْ غَضَبِهِ وَعِقَابِهِ وَشَرِّ عِبَادِهِ وَمِنْ هَمَزَاتِ الشَّيْطَانِ وَ أَعُوذُ بِكَ رَبِّ أَنْ يَحْضُرُونِ.

**Okunuşu:** ***"Euzü bi-kelimatillahi't-tammeti min gadabihi ve ikabihi ve şerri ıbadihi ve min hemezati'ş-şeytani ve euzü bike rabbi en yahdurun."***
**Anlamı:** "Allah'ın gazabından, Allah'ın cezasından, kullarının şerrinden ve şeytanların çarpmalarından Allah'ın tam olan kelimelerine sığınırım. Rabbim, bana gelmelerinden Sana sığınırım."

**Dua ile ilgili bilgi:** Amr İbn Şuayb şöyle der: "Abdullah İbn Ömer, çocuklarından aklı erenlere bu duayı öğretir, aklı ermeyenlere de yazar ve üzerine asardı.

## KÖTÜLÜKLERDEN KURTULMA DUASI

اَلْحَمْدُ لِلّٰهِ عَلٰى كُلِّ حَالٍ رَبِّ أَعُوذُ بِكَ مِنْ حَالِ اَهْلِ النَّارِ.

**Okunuşu:** *"Elhamdülillahi ala külli halin, rabbi euzü bike min hali ehli'n-nar."*

**Anlamı:** "Allah'ım bulunduğum duruma şükürler olsun. Ya Rabbi! Beni cehennem ehlinin yaptıkları kötülüklerden ve işledikleri günahlardan koru."

## CEHENNEM'DEN KURTULUŞ CENNET'E NAİL OLMA DUASI

اَللّٰهُمَّ إِنِّي اَسْأَلُكَ الْجَنَّةَ وَمَا تَقَرَّبَ إِلَيْهَا مِنْ قَوْلٍ اَوْ عَمَلٍ وَأَعُوذُ بِكَ مِنَ النَّارِ وَمَا تَقَرَّبَ إِلَيْهَا مِنْ قَوْلٍ اَوْ عَمَلٍ. اَللّٰهُمَّ اغْفِرْ لِأُمَّةِ مُحَمَّدٍ رَحْمَةً عَامَّةً بِرَحْمَتِكَ يَا أَرْحَمَ الرَّاحِمِينَ.

**Okunuşu:** *"Allahümme inni es'elüke'l-cennete vema tükarribü ileyha min kavlin ev amelin ve euzü bike mine'n-nari vema tekarrebe ileyha min kavlin ev amelin. Allahümağfir li ümmeti muhammedin rahmeten ammeten bi rahmetike ya erhame'r-rahimin."*

## ŞİFA DUALARI

**1. Dua**

اَللّٰهُمَّ اَذْهِبِ الْبَأْسَ رَبَّ النَّاسِ اشْفِ وَأَنْتَ الشَّافِي لاَ شِفَاءَ إِلاَّ شِفَاؤُكَ شِفَاءً لاَ يُغَادِرُ سَقَماً.

**Okunuşu:** ***"Allahümme ezhibi'l-be'se, rabbennasi eşfi ve ente'ş-şafi la şifae ila şifaüke, şifaen la yuğadirü sekama."***

**Anlamı:** "Allah'ım, ey insanların Rabbi! Bu hastanın ızdırabını dindir, onu şifaya kavuştur. Senden başka şifa verici yoktur, öyle bir şifa ver ki, bir daha hastalık çekmesin."

**2. Dua**

اَللَّهُمَّ اشْفِ سَعْداً اَللَّهُمَّ اشْفِ سَعْداً اَللَّهُمَّ اشْفِ سَعْداً .

**Okunuşu:** ***"Allahümmeşfi Sa'den, Allahümmeşfi Sa'den, Allahümmeşfi Sa'den."***

**Anlamı:** "Allah'ım! Sa'd'a şifa ver. Allah'ım! Sa'd'a şifa ver. Allah'ım! Sa'd'a şifa ver.

**3. Dua**

يَا مُبْدِعَ الْبَرَايَا وَمُعِيدَهَا بَعْدَ فَنَائِهَا بِقُدْرَتِهِ بِحُرْمَةِ مُحَمَّدٍ وَأَهْلِ بَيْتِ مُحَمَّدٍ .

**Okunuşu:** ***"Ya mübdia'l-beraya ve muideha ba'de fenaiha bi-kudretihi bi-hürmeti Muhammedin ve ehli beyti Muhammed."***

**Anlamı:** "Ey insanları yaratan ve öldükten sonra tekrar dirilten Allah'ım! Hz. Muhammed'in ve yakınlarının hürmetine şifalar ver."

## HER TÜRLÜ HASTALIK İÇİN DUA

اَللَّهُمَّ إِنِّي اَسْأَلُكَ الْعَافِيَةَ فِي الدُّنْيَا وَالآخِرَةِ اَللَّهُمَّ إِنِّي اَسْأَلُكَ الْعَفْوَ وَالْعَافِيَةَ فِي دِينِي وَدُنْيَايَ وَأَهْلِي وَمَالِي اَللَّهُمَّ اسْتُرْ عَوْرَاتِي وَآمِنْ رَوْعَاتِي. اَللَّهُمَّ احْفَظْنِي مِنْ بَيْنِ يَدَيَّ وَمِنْ خَلْفِي وَعَنْ يَمِينِي وَعَنْ شِمَالِي وَمِنْ فَوْقِي وَ أَعُوذُ بِعَظَمَتِكَ أَنْ أُغْتَالَ مِنْ تَحْتِي. اَللَّهُمَّ أَغْنِنِي بِالْعِلْمِ وَزَيِّنِّي بِالْحِلْمِ وَ كَرِّمْنِي بِالتَّقْوَى وَجَمِّلْنِي بِالْعَافِيَةِ.

**Okunuşu:** ***"Allahümme inni es'elüke'l-afiyete fi'd-dünya ve'l-ahırati, Allahümme inni es'elüke'l-afve ve'l-afiyete fi dini ve dünyaye ve ehli ve mali, Allahümmestur avrati ve amin rav'ati. Allahümmehfazni min beyni yedeyye ve min halfi ve an yemini ve an şimali ve min fevki ve e'uzü bi-azametike en uğtale min tahti. Allahümme ağnini bi'l-ilmi ve zeyyinni bi'l-hilmi ve kerrimni bi't-takva ve cemmilni bi'l-afiyeti."***

**Anlamı:** "Allah'ım, Senden dünyada ve ahirette huzur ve sağlık isterim. Allah'ım, Senden, dinim, dünyam, çoluk çocuğum ve malım için af ve afiyet isterim. Allah'ım, ayıplarımı kapat, beni korkularımdan güvene kavuştur. Allah'ım, beni, önemden, arkamdan, sağımdan, solumdan ve başımdan gelecek her türlü hastalıklardan, kötülüklerden koru. Gelecek bir kötülükle tuzağa düşürülmekten, yere vurulmaktan senin yüceliğine sığınırım. Allah'ım beni ilim ile zenginleştir, hilm ile süsle, takva ile kereme kavuştur, afiyetle güzelleştir."

## PEYGAMBERİMİZ (S.A.V.)'İN HASTALIKLAR İÇİN OKUDUKLARI BAZI DUALAR

**1. Dua**

بِسْمِ اللَّهِ يُبْرِيكَ مِنْ كُلِّ دَاءٍ يَشْفِيكَ وَمِنْ شَرِّ حَاسِدٍ إِذَا حَسَدَ وَمِنْ شَرِّ كُلِّ ذِي عَيْنٍ.

**Okunuşu:** ***"Bismillahi yübrike min külli dain yeşfike ve min şerri hasidin iza hased, ve min şerri külli zi ayn."***

**Anlamı:** "Allah'ın adıyla. Allah sana bütün hastalıklardan şifa versin. Haset ettiği zaman hasetçinin ve bütün nazarı değen kimselerin şerrinden korusun."

**Dua ile ilgili bilgi:** Bir gün Cebrail (a.s.), Nebiyy-i Ekrem (s.a.v.)'e geldi: "- Hastalandın mı?" dedi.

Nebiyy-i Ekrem (s.a.v.): Evet!

بِسْمِ اللَّهِ أَرْقِيكَ مِنْ كُلِّ شَيْءٍ يُؤْذِيكَ وَمِنْ شَرِّ كُلِّ نَفْسٍ اَوْ عَيْنِ حَاسِدٍ اللَّهُ يَشْفِيكَ بِسْمِ اللَّهِ أَرْقِيكَ.

**Cibril (a.s.):** ***"Bismillah, erkike min külli şey'in yü'zike, ve min şerri külli nefsin ev aynin hasidin, Allahu yeşfike, Bismillahi erkike."oku buyurdu.***

**Anlamı:** "Allah'ın adıyla seni rahatsız eden herşeyden, her türlü kötü nefisten ve kem gözden, sana koruma diliyorum. Allah sana şifa versin. Sana Allah'ın adıyla koruma diliyorum."

### Sebepsiz Bayılana Okunacak Dua

أَفَحَسِبْتُمْ أَنَّمَا خَلَقْنَاكُمْ عَبَثًا وَأَنَّكُمْ إِلَيْنَا لاَ تُرْجَعُونَ. فَتَعَالَى اللَّهُ الْمَلِكُ الْحَقُّ لاَ إِلَهَ إِلاَّ هُوَ رَبُّ الْعَرْشِ الْكَرِيمِ. وَمَن يَدْعُ مَعَ اللَّهِ إِلَهًا آخَرَ لاَ بُرْهَانَ لَهُ بِهِ فَإِنَّمَا حِسَابُهُ عِندَ رَبِّهِ إِنَّهُ لاَ يُفْلِحُ الْكَافِرُونَ. وَقُل رَّبِّ اغْفِرْ وَارْحَمْ وَأَنتَ خَيْرُ الرَّاحِمِينَ.

**Okunuşu:** ***"Efesahibtüm enne ma halaknaküm abesev ve enneküm ileyna la türceun. Fetealellahü'l-melikü'k-hakk. La ilahe illa hüve rabbü'l-arşi'l-kerim. Ve men yed'u meallahi ilahen ahara la bürhane lehu bihi fe innema hisabühü inde rabbih, innehu la yüfhilu'l-kafirun. Ve kul Rabbiğfir verham ve ente hayru'r-rahimin."***

**Anlamı:** "Ya, siz ancak boş yere yarattığımızı ve sizin hakikaten bize döndürülmiyeceğinizi mi sandınız? Mülk, ancak kendi hakkı olan Allah çok yücedir. O'ndan başka hiçbir ilah yoktur. Arş'ı Kerim'in Rabbidir. Kim Allah ile beraber diğer bir ilah edinir, buna hiçbir delili olmamasına rağmen taparsa, onun hesabı ancak Rabbi nezdindedir. Hakikat şudur ki kafirler korktuklarından emin, umduklarına nail olamayacaklardır. De ki: Ey Rabbim, yarlığa, esirge. Sen acıyanların en hayırlısısın."

### Sıtma hastalığına okunan dua

بِسْمِ اللهِ الكَبِيرُ نَعُوذُ بِاللهِ الْعَظِيمِ مِنْ شَرِّ عِرْقٍ نَعَّارٍ وَمِنْ شَرِّ حَارِّالنَّارِ.

**Okunuşu:** ***"Bismillahi'l-kebir. Neuzü billah'il-azimi min şerri ırkın ne'arin ve min şerri harri'n-nar."***

**Anlamı:** "Büyük olan Allah'ımın adıyla. Fitne ve fesada çalışarak kanı kaçmış damarın ve ateşin hararetinin şerrinden Azim olan Allah'a sığınırız." (Tirmizi)

## PEYGAMBERİMİZ (S.A.V.)'İN AĞRI İÇİN OKUDUKLARI DUA

أَعُوذُ بِعِزَّةِ اللّٰهِ وَبِقُدْرَتِهِ مِنْ شَرِّ مَا أَجِدُ وَأُحَاذِرُ.

**Okunuşu:** ***"Euzü bi-izzetillahi ve bi-kudretihi min şerri ma ecidü ve uhaziru."***

**Anlamı:** "Hissettiğim ve çekindiğim şeyin şerrinden Allah'ın izzet ve kudretine sığınırım." (Müslim)

## HER TÜRLÜ SIKINTIYI DEFEDEN İKİ AYET

**1. Ayet**

بِسْمِ اللّٰهِ الرَّحْمنِ الرَّحِيمِ

ثُمَّ أَنزَلَ عَلَيْكُم مِّن بَعْدِ الْغَمِّ أَمَنَةً نُّعَاسًا يَغْشَى طَآئِفَةً مِّنكُمْ وَطَآئِفَةٌ قَدْ أَهَمَّتْهُمْ أَنفُسُهُمْ يَظُنُّونَ بِاللّٰهِ غَيْرَ الْحَقِّ ظَنَّ الْجَاهِلِيَّةِ يَقُولُونَ هَل لَّنَا مِنَ الأَمْرِ مِن شَيْءٍ قُلْ إِنَّ الأَمْرَ كُلَّهُ لِلّٰهِ يُخْفُونَ فِي أَنفُسِهِم مَّا لاَ يُبْدُونَ لَكَ يَقُولُونَ لَوْ كَانَ لَنَا مِنَ الأَمْرِ شَيْءٌ مَّا قُتِلْنَا هَاهُنَا قُل لَّوْ كُنتُمْ فِي بُيُوتِكُمْ لَبَرَزَ الَّذِينَ كُتِبَ عَلَيْهِمُ الْقَتْلُ إِلَى مَضَاجِعِهِمْ وَلِيَبْتَلِيَ اللّٰهُ مَا فِي صُدُورِكُمْ وَلِيُمَحِّصَ مَا فِي قُلُوبِكُمْ وَاللّٰهُ عَلِيمٌ بِذَاتِ الصُّدُورِ.

**Okunuşu:** ***Bismillahirrahmanirrahim. "Sümme enzele aleyküm minn ba'di'l-ğammi emeneten nüasey yağşa taifetem minküm ve taifetün kad ehemmethüm enfüsühüm yezunnune billahi ğayre'l-hakkı zanne'l-cahiliyyeti yekülune hel lena mine'l-emri min şey'in kul innel emre küllehü liilahi yuhfune fi enfüsihim mala yübdune leke yekulune lev kane lena mine'l-emri şey'üm ma kutilna hahüna kul lev küntüm fi büyutikum leberezellezine kütibe aleyhimü'l-katlü ila medaci'ıhim ve liyebteliyallahü ma fi sudurikürn veli yümahhıse ma fi kulubiküm vallahü alimüm bizati's-sudur." (Al-i İmran, 154)***

**Anlamı:** Sonra o kederin ardından üzerinize bir güven ve emniyet duygusu indirdi. Bir uyku ki, içinizden bir grubu tutup kuşatıyordu. Bir grup da nefisleri sevdasına düşmüşlerdi. Allah hakkında haksız yere cahiliye kafasıyla suizanda bulunuyorlardı. "Bizim için o zaferden bir pay var mı?" diyorlardı. De ki: "Zaferin hepsi Allah'ındır." Onlar nefislerinde, sana açamadıkları bir şey gizliyorlar. "Bizim yönetimde bir hissemiz olsaydı, burada öldürülmezdik."diyorlar. De ki: "Evinizde de olsaydınız, haklarında ölüm kararı verilenler, ölecekleri yerlere kendiliklerinden giderlerdi." Allah, bunu sinelerinizdekini imtihan etmek, kalplerinizdekini ortaya çıkarmak için böyle yaptı. Allah, kalplerin içini bilir.

**2. Ayet**

بِسْمِ اللّٰهِ الرَّحْمٰنِ الرَّحِيمِ

مُّحَمَّدٌ رَّسُولُ اللَّهِ وَالَّذِينَ مَعَهُ أَشِدَّاءُ عَلَى الْكُفَّارِ رُحَمَاءُ بَيْنَهُمْ تَرَاهُمْ رُكَّعًا سُجَّدًا يَبْتَغُونَ فَضْلاً مِّنَ اللَّهِ وَرِضْوَانًا سِيمَاهُمْ فِي وُجُوهِهِم مِّنْ أَثَرِ السُّجُودِ ذَلِكَ مَثَلُهُمْ فِي التَّوْرَاةِ وَمَثَلُهُمْ فِي الْإِنجِيلِ كَزَرْعٍ أَخْرَجَ شَطْأَهُ فَآزَرَهُ فَاسْتَغْلَظَ فَاسْتَوَى عَلَى سُوقِهِ يُعْجِبُ الزُّرَّاعَ لِيَغِيظَ بِهِمُ الْكُفَّارَ وَعَدَ اللَّهُ الَّذِينَ آمَنُوا وَعَمِلُوا الصَّالِحَاتِ مِنْهُم مَّغْفِرَةً وَأَجْرًا عَظِيمًا.

**Okunuşu:** *Bismillahirrahmanirrahim. "Muahmmedür resulullahi vellezine me'ahu eşiddaü ale'l-küffari ruhamaü beynehüm terahüm rukkean süccedey yebteğune fadlem minallahi ve rıdvanen simahüm fi vücuhihim min eseri's-sucudi zalike meselühüm fi't-tevrati ve meselühüm fi'l-incili kezer'in ahrece şat'ehü feazerehü festağleza festeva ala sukihi yu'cibü'z-zürra'a li yeğiza bihimü'l-küffare veadallahüllezine amenu ve amilü's-salihati minhüm mağfiretev ve ecren azima." (Fetih, 29)*

**Anlamı:** Muhammed, Allah'ın rasulüdür. Onunla beraber olanlar, inkarcılara karşı çok sert, kendi aralarında oldukça merhametlidirler. Sen onları cemaatle rüku ve secde ederken, Allah'ın ihsan ve ikramını, Onun hoşnutluğunu isterlerken görürsün. Onların alametleri yüzlerindeki secdelerin izidir. Bu, onların Tevrat'taki halidir ve onların İncil'deki halidir. Bu, filizini çıkaran, güçlendiren, kalınlaşan, daha sonra gövdesi üzerine dikilen ve sonunda çiftçilerin hoşuna giden bir ekine benzer. Allah onlarla kafirleri öfkelendirmek için yapar. Allah onlardan iman edipte salih ameller işleyenlere, bağışlanma ve büyük bir ecir vaat etmektedir.

## DELİLİKTEN KORUNMAK İÇİN OKUNACAK DUA

اَللَّهُمَّ اِنِّي أَعُوذُ بِكَ مِنَ الْبَرَصِ وَالْجُنُونُ وَالْجزَامِ وَسَيِّئُ الأَسْقَامِ.

**Okunuşu:** *"Allahümme inni euzü bike mine'l-berası ve'l-cünuni ve'l-cüzami ve Seyyi'l-eskam."*

**Anlamı:** "Allah'ım! Baras hastalığından, delilikten, cüzamdan ve kötü hastalıklardan Sana sığınırım." (Ebu Davud)

## FELÇ İÇİN OKUNAN DUA

سُبْحَانَ اللَّهِ و بِحَمْدِهِ سُبْحَانَ اللَّهِ الْعَظِيمِ ولاَ حَولَ ولاَ قُوَّةَ إلاَّ بِاللَّهِ الْعَلِيِّ الْعَظِيمِ.

**Okunuşu:** ***"Sübhannallahi ve bi-hamdihi Sübhánallahi'l-Azim. La havle vela kuvvete illa billahi'l-Alliyyi'l-Azim."***

**Anlamı:** "Allahu Teala'yı noksan sıfatlardan tenzih eder ve O'na hamd ederim. Yüce ve kudretli Allah'tan başka hiçbir güç ve kuvvet yoktur."

## GÖZÜ RAHATSIZ OLAN İÇİN OKUNACAK DUA

اللّهُمَّ إنّي اَسْأَلُكَ وأَتَوَجَّهُ بِنَبِيِّكَ مُحَمَّدٍ نَبِيِّ الرَّحْمَةِ يَا مُحَمَّدُ إنّي تَوَجَّهْتُ بِكَ إِلَى رَبّي فِي حَاجَتِي هَذِهِ لِتُقْضَى. اَللَّهُمَّ فَشَفِّعْهُ فِيَّ.

**Okunuşu:** ***"Allahümme inni es'elüke ve eteveccehü bi-nebiyyike muhammedin nebiyyi'r –rahmeti ya Muhammedü inni teveccehtü bike ila Rabbi fi haceti hazihi li tukda, Allahümme feşeffi'hü fiyye."***

**Anlamı:** "Allah'ım, rahmet peygamberi nebin Muhammed'e tevessül ederek senden diliyor, Sana yöneliyorum. Ya Muhammed, seni şefi edinip bu hacetim için Rabbime teveccüh ettim. (Ta ki yerine getirilsin). İlahi, hakkımda Habibinin şefaatini kabul buyur."

## TEMRE (SİĞİL) İÇİN OKUNACAK DUA

**1. Dua**

أَمْ أَبْرَمُوا اَمْرًا فَإنَّا مُبْرِمُونَ.

**Okunuşu:** ***"Em ebremu emran feinna mübrimün." (Zuhruf, 79)***

**2. Dua**

بِسْمِ اللَّهِ اَللَّهُمَّ مُصَغِّرَ الْكَبِيرِ وَمُكَبِّرَ الصَّغِيرِ صَغِّرْ مَابِي.

**Okunuşu:** ***"Bismillahi Allahümme müsağğira'l-kebiri ve mükebbira's-sağiri sağğir ma bi."***

**Anlamı:** "Büyüğü küçülten ve küçüğü büyülten Allah'ım! Bu bendekini (siğilleri) küçült.

**Dua ile ilgili bilgi:** Bu dua 7 kere okunup, hem şehadet parmakla gezdirilip hem de üzerine üflendiğinde, Allah'ın izniyle geçer.

## BİR YERİ AĞRIYANIN YAPACAĞI DUA

بِسْمِ اللَّهِ تُرْبَةُ أَرْضِنَا بِرِيقَةِ بَعْضِنَا يَشْفِي سَقِيمُنَا بِإِذْنِ رَبِّنَا.

**Okunuşu:** ***"Bismillahi türbete ardına bi rikati ba'dına yeşfi sekimüna bi izni rabbina."***

**Anlamı:** "Allah'ın adıyla! Arzımızın toprağı, kimimizin tükürüğüyle –Rabbimizin izniyle- hastamız şifa bulur." (Buhari)

## KONUŞMA ZORLUĞUNU GİDERMEK İÇİN OKUNACAK DUA

رَبِّ اشْرَحْ لِي صَدْرِي وَيَسِّرْلِي أَمْرِي وَاحْلُلْ عُقْدَةً مِنْ لِسَانِي يَفْقَهُوا قَوْلِي.

**Okunuşu:** ***"Rabbişrah li sadri. Ve yessirli emri. Vehlül ukdeten mil lisani. Yefkahu kavli."***

**Anlamı:** "Rabbim, benim göğsüme genişlik ver, işimi kolaylaştır, dilimden de (şu) düğümü çöz ki sözümü iyi anlasınlar." (Taha, 25–28)

## DOST BULAMAYANIN OKUYACAĞI DUA

أَعُوذُ بِكَلِمَاتِ اللّٰهِ التَّامَّةِ مِنْ غَضَبِهِ وعِقَابِهِ وشَرِّ عِبَادِهِ وَمِنْ هَمَزَاتِ الشَّيْطَانِ وأَنْ يَحْضُرُونَ.

**Okunuşu:** ***"Euzü bi kelimatillahi't-tammeti min gadabihi ve ikabihi ve şerri ibadihi ve min hemezati'ş-şeytani ve en yahdurun."***

**Anlamı:** "Allah'ın gazabından, kullarının şerrinden, şeytanların vesveselerinden ve şu anda yanımızda olan diğer zararlı varlıklardan Allah'ın tam olan kelimelerine sığınırım." Bunları okuman halinde, bundan böyle sana hiçbir şey yaklaşamaz ve zarar veremez" buyurdu. (İbn Sunni)

**Dua ile ilgili bilgi:** Velid b. Velid (r.a.) kendisi demiş ki: "Ben yalnızlık hissediyorum." Bunun üzerine Peygamber (s.a.v.) ona ;

Yatağına yattığın zaman böyle dua et.

## HAYATTAN ÜMİDİNİ KESEN HASTANIN OKUMASI TAVSİYE EDİLEN DUALAR

**1. Dua**

اللَّهُمَّ اغْفِرْلِي وَارْحَمْنِي وَالْحِقْنِي بِالرَّفِيقِ الأَعْلَى.

**Okunuşu:** ***"Allahümmağfirli verhamni ve elhıkni bi'r-refikı'l a'la."***

**Anlamı:** "Allah'ım! Beni mağfiret buyur. Bana rahmet et ve beni yüce Refik'a, Refik'i A'la'ya ulaştır." (Buhari, Müslim)

**2. Dua**

اَللَّهُمَّ اَعِنِّي عَلَى غَمَرَاتِ وَ سَكَرَاتِ الْمَوْتِ.

**Okunuşu:** ***"Allahümme einni ala ğamerati ve sekerati'l-mevti."***

**Anlamı:** "Ölümün şiddet ve baygınlıklarına karşı bana yardım et Allah'ım!" (Tirmizi)

# İSM-İ A'ZAM DUALARI

بِسْمِ اللّهِ الرَحْمنِ الرَحِيم

اَللَّهُمَّ اِنّي اَسْأَلُكَ بِاَنَّ لَكَ اَلْحَمْدُ لاَ إِلَهَ إِلاَّ أَنْتَ الْمَنَّانُ يَا حَنَّانُ يَا مَنَّانُ يَا بَدِيعَ السَّمَاوَاتِ وَالأَرْضِ يَا ذَا الْجَلاَلِ وَالْاِكْرَامِ يَا حَيُّ يَا قَيُّومُ لاَ إِلَهَ الاَّ أَنْتَ سُبْحَانَكَ إِنِّي كُنْتُ مِنَ الظَّالِمِينَ. اَللَّهُمَّ اِنّي أَعُوذُ بِأَنِّي أَشْهَدُ أَنَّكَ أَنْتَ اللَّهُ لاَ إِلَهَ إِلاَّ أَنْتَ الأَحَدُ الصَّمَدُ الَّذِي لَمْ يَلِدْ وَلَمْ يُولَدْ وَلَمْ يَكُنْ لَهُ كُفُواً أَحَدٌ. الم. اَللَّهُ لاَ إِلَهَ إِلاَّ هُوَ الْحَيُّ الْقَيُّومُ. وَ إِلَهُكُمْ إِلَهٌ وَاحِدٌ لاَ إِلَهَ إِلاَّ هُوَ الرَّحْمَنُ الرَّحِيمُ. يَا ذَا الْجَلاَلِ وَالْاِكْرَامِ. يَا أَرْحَمَ الرَّاحِمِينَ. اَللَّهُمَّ اِنّي اَسْأَلُكَ بِأَنَّكَ أَنْتَ اللّهُ لاَ إِلَهَ إِلاَّ أَنْتَ الْوَاحِدُ الأَحَدُ الْفَرْدُ الصَّمَدُ الَّذِي لَمْ يَلِدْ وَلَمْ يُولَدْ وَلَمْ يَكُنْ لَهُ كُفُواً أَحَدٌ. لاَ إِلَهَ إِلاَّ اللَّهُ وَحْدَهُ لاَ شَرِيكَ لَهُ. لَهُ الْمُلْكُ وَلَهُ الْحَمْدُ وَهُوَ عَلى كُلِّ شَيْءٍ قَدِيرٌ. لاَ إِلَهَ إِلاَّ اللَّهُ وَلاَ حَوْلَ وَ لاَ قُوَّةَ إِلاَّ بِاللَّهِ الْعَلِيِّ الْعَظِيمِ. اَسْأَلُكَ بِاسْمِكَ الأَعَزِّ الأَجَلِّ الأَكْرَمِ. رَبِّ رَبِّ رَبِّ يَارَبِّ يَارَبِّ يَارَبِّ. لاَ إِلَهَ إِلاَّ اللَّهُ وَحْدَهُ لاَ شَرِيكَ لَهُ. لَهُ الْمُلْكُ وَلَهُ الْحَمْدُ وَهُوَ عَلى كُلِّ شَيْءٍ قَدِيرٌ. الْحَمْدُ لِلَّهِ وَسُبْحَانَ اللّهِ وَالْحَمْدُ لِلَّهِ وَلاَ إِلَهَ إِلاَّ اللَّهُ وَاللَّهُ أَكْبَرُ. وَلاَ حَوْلَ وَلاَ قُوَّةَ إِلاَّ بِاللّهِ الْعَلِيِّ الْعَظِيمِ.

**Okunuşu:** *Bismillahirrahmanirrahim. Allahümme inni es'elüke bi enne leke'l-hamdü la ilahe illa ente'l-mennanü, ya hannanü ya mennanü ya bedia's-semavati ve'l-ardı ya ze'l-celali ve'l-ikram. Ya hayyu ya kayyum la ilahe illa ente sübhaneke inni küntü mine'z-zalimin. Allahümme inni es'elüke bi enni eşhedü enneke entallahu la ilahe illa ente'l-ehadü's-samedüllezi lem yelid ve lem yuled ve lem yekun lehu küfüven ehad. Elif Lam Mim. Allahu la ilahe hüve'l-hayyu'l-kayyum. Ve ilahüküm ilahun vahidün la ilahe illa hüve'r-rahmanü'r-rahim.*

***Ya ze'l-celali ve'l-ikrami ya erhame'r-rahimin. Allahümme inni es'elüke bi enneke entallahu la ilahe illa ente'l-vahidü'l-ehadü'l-ferdü's-semadüllezi lem yelid velem yuled ve lem yekun lehu kufuven ehad. La ilahe illallahü vahdehu la şerike leh, lehü'l-mülkü ve lehü'l-hamdü ve hüve ala külli şey'in kadir. La ilahe illallahu ve la have ve la kuvvete illa billahi'l-aliyyi'l-azim. Es'elüke bi ismike'l-eazzi'l-ecelli'l-ekrem. Rabbi rabbi rabbi, ya rabbi ya rabbi ya rabbi. La ilahe illallahu vahdehu la şerike leh, lehü'l-mülkü ve lehü'l-hamdü ve hüve ala külli şey'in kadir. Elhamdülillahi ve sübhanallahi ve'l-hamdü liilahi ve la ilahe illallahu vallahu ekber. Ve la havle ve la kuvvete illa billahi'l-aliyyi'l-azim.***

**Anlamı:** "Allah'ım, şunun hürmetine Senden dilekte bulunuyorum:

Hamd ve şükür Sana mahsustur. Senden başka ilah yoktur. Yalnız Sen varsın. Ey kullarına merhamet eden, istemeden veren, lütuf ve bağış sahibi, ey göklerin ve yerin yaratıcısı, ey saltanat ve ikram sahibi, ey diri ve her şeyi idare eden! Senden başka ilah yoktur. Ben kendine zulmeden kişilerdenim. Allah'ım şunun hürmetine Senden diliyorum. Bilirim bildiririm ki yoktur Senden başka tapacak. Sen birsin, kimseye muhtaç değilsin, doğurmaz, doğmaz ve O'na hiç kimse eş ve uygun bulunmaz. Elif Lam Mim. Allah ki O'ndan başka ilah yoktur, diridir ve her şeyi idare etmektedir. İlahınız tek bir ilahtır, O'ndan gayri ilah yoktur. O esirgeyen ve bağışlayandır. Ey celal ve ikram sahibi, ey merhametlilerin merhametlisi Allah'ım! Yap'tığım şu şehadet hürmetine senden talep ediyorum. İnanırım ve inandırırım ki Sen birsin, kimseye muhtaç değilsin, doğurmamış, doğrulmamışsın. Hiçbir kimse O'nun dengi değildir. Allah'tan başka ilah yoktur, şeriki, ortağı yoktur. Mülk ve hamd O'na mahsustur. O her şeye kadirdir. Allah'tan başka ilah yoktur. Güç ve kuvvet ancak yüce Allah'a mahsustur. Yüce ve aziz adının hürmetine Sana talepte bulunuyorum, ya Rabbim. Allah'tan başka ilah yoktur, O birdir ve ortağı yoktur. O her şeye gücü yetendir. Hamd O'na mahsustur. Güç ve kuvvet ancak bir olan Allah'a mahsustur."

## BEREKET DUASI (KARINCA DUASI)

اَللَّهُمَّ يَا رَبَّ جَبْرَائِيلَ وَمِيكَائِيلَ وَإِسْرَافِيلَ وَعَزْرَائِيلَ وَإِبْرَاهِيمَ
وَإِسْمَاعِيلَ وَإِسْحَاقَ وَيَعْقُوبَ وَ مُنْزِلَ الْبَرَكَاتِ وَالتَّوْرَيةِ وَالْإِنْجِيلِ وَالزَّبُورِ
وَالْفُرْقَانِ. وَ لاَ حَوْلَ وَلاَ قُوَّةَ إِلاَّ بِاللَّهِ الْعَلِيِّ الْعَظِيمِ .

لاَ إِلَهَ إِلاَّ اللَّهُ الْمَلِكُ الْحَقُّ الْمُبِينُ مُحَمَّدٌ رَسُولُ اللَّهِ صَادِقُ الْوَعْدِ الْأَمِينِ.
يَا رَبِّ يَا رَبِّ يَا رَبِّ. يَا حَيُّ يَا قَيُّومُ يَا ذَا الْجَلاَلِ وَالْإِكْرَامِ. أَسْأَلُكَ
يَا رَبَّ الْعَرْشِ الْعَظِيمِ أَنْ يَرْزُقَنِي رِزْقًا حَلاَلاً طَيِّبًا بِرَحْمَتِكَ يَا أَرْحَمَ
الرَّاحِمِينَ. يَمْلِيخَا. مَكْشَلِينَا. مِشْلِينَا. مَرْنُوشْ دَبَرْنُوشْ شَاذَنُوشْ
كَفَشْطَطَيُّوشْ قِطْمِيرْ.

**Okunuşu:** *"Allahümme ya rabbe cebraile ve mikaile ve israfile ve azraile ve ibrahime ve ismaile ve ishaka ve ya'kube ve münzile'l-berekati ve't-tevrati ve'l-incili ve'z-zeburi ve'l-furkan. Ve la havle ve la kuvvete illa billahi'l-aliyyi'l-azim. La ilahe illallahu'l-meliku'l-hakku'l-mübin. Muhammedün rasulullahi sadıku'l-vadi'l-emin. Ya rabbi ya rabbi ya rabbi ya hayyü yakayyumü ya ze'l-celali ve'l-ikram. Es'eluke ya rabbe'l-arşi'l-azimi en yerzukani rızkan halalen tayyıben bi rahmetike ya erhame'r-rahimin. Yemliha, Mekselina, Mislina, Mernuş, Debernuş, Şazenuş, kefeştatayyuş, kıtmir."*

# YAĞMUR DUASI

اَللَّهُمَّ اسْقِنَا غَيْثًا مُغِيثًا هَنِيئًا مَرِيْئًا غَدَقًا مُجَلَّلاً سَيْحًا عَامًّا طَبَقًا. اَللَّهُمَّ اسْقِنَا الْغَيْثَ وَلاَ تَجْعَلْنَا مِنَ الْقَانِطِينَ. اَللَّهُمَّ إِنَّ بِالْبِلاَدِ وَالْعِبَادِ وَالْخَلْقِ مِنَ اللَّوَاءِ وَالضَّنْكِ مَالاَ نَشْكُو إِلاَ إِلَيْكَ. اَللَّهُمَّ اَنْبِتْ لَنَا الزَّرْعَ وَادِّرْ لَنَا الضَّرْعَ وَاسْقِنَا مِنْ بَرَكَاتِ السَّمَاءِ وَانْبِتْ لَنَا مِنْ بَرَكَاتِ الْأَرْضِ. اَللَّهُمَّ إِنَّا نَسْتَغْفِرُكَ إِنَّكَ كُنْتَ غَفَّارًا فَارْسِلَ السَّمَاءَ عَلَيْنَا مِدْرَارًا.

**Okunuşu:** ***"Allahümme es'kına gaysen mugisen henien merien ğadekan mücellelen Seyhan ammen tabekan. Allahümme eskına'l-ğayse ve la tec'alna mine'l-kanitin. Allahümme inne bi'l-biladi vel'ibadi ve'l-halkı mine'l-levai ve'd-danki ma la neşku illa ileyke. Allahümme enbit lenezzer'a ve eddir lena'd-dar'a ve eskına min berekati's-semai. Ve enbit lena min berekati'l-ardı. Allahümme inna nestağfirüke inneke künte gaffaran. Fe ersili's-semae aleyna midraran."***

**Anlamı:** "Allah'ım, bize yardım eden, içimize sinen, ferahlık veren, bol, yararlı, her tarafı sulayan bereketli bir yağmur ihsan eyle.Allah'ım, bizi yağmurla sula, bizi ümitlerini yitiren kimselerden eyleme. Allah'ım! Kullarda, illerde ve diğer yaratıklarda da öyle bir sıkıntı, öyle bir darlık var ki senden başkasına arz edemeyiz. Ey yüce yaratıcımız, bizim için ekinleri bitir, sütlerimizi bollaştır, bizi göğün bereketlerinden sula, bize yeryüzünün bereketlerinden ihsan eyle. Ey cömert, kerem sahibi Allah'ımız, biz Senden mağfiret dileriz, şüphe yok ki Sen çok bağışlayıcısın, bize gökten bol bol yağmurlar yağdır, ey bağışlayıcı merhametli Rabbimiz."